48个愿望

——无 量 寿 经 讲 记——

圣严法师 著

自序

阿弥陀佛之所以成为阿弥陀佛，是因为他在修行菩萨道的阶段，发了四十八个大愿，最后不但修行成佛，也成就了西方极乐世界，救济一切众生。而叙述阿弥陀佛成佛的因缘，以及发愿的愿文，就是《无量寿经》的主要内容。

许多中国佛教徒，在每天早晚课诵的时候，都会称念"阿弥陀佛"的圣号，对于〈赞佛偈〉中"四十八愿度众生"的句子，都能朗朗上口，但却不知道是出于《无量寿经》。

目前收录在《大正藏》中，属于阿弥陀佛专修法门而为众所周知的经典，计有三部，被译成汉文的年代，以《无量寿经》最早，译者是曹魏时代的康僧铠；其次是《阿弥陀经》，译者是姚秦鸠摩罗什；再次是《观无量寿经》，译者是刘宋畺良耶舍。

《无量寿经》不仅译出最早，内容最丰富，被弘扬得也最早。到了宋明之后，弘扬净土的祖师们虽然大多讲述《阿弥陀经》，但谈到净土的思想时，还是要溯源于《无量寿经》。

此《无量寿经讲记》，先于四年前（一九九三年）的农禅寺清明佛七中讲了六个晚上，只讲完四十八愿的愿文；后于两年前的清明佛七中再将经文的重要部分摘讲六个晚上。本（一九九七）年七月，法鼓文化公司编辑部将两次的六讲，由义工弟子整理成稿，交到我的手边，看了一遍发现，虽都是我讲的内容，也似我的语气，却觉得空洞无物，文字松散，必须细心修补，才能拿得出来。

同年十月十五日我把它带到纽约，从十一月二日起至十七日为止，在衰病忙碌之中，花了半个月的时间，参考相关经论资料，删修补充，誊清了两遍，又补写了四十八愿愿文注释，几乎是重写了这篇讲要。

我很感谢农禅寺的佛七法会，让我讲了这部经，也很感谢依据录音带为此整理初稿的弟子，如果没有底稿，我是没有可能撰写这篇“讲记”的。以往的数种经典、偈颂及禅宗文献讲录，也是在这种意外的情况下产生出来的。

一九九七年十一月十七日记于纽约东初禅寺

目录

《无量寿经》的汉文译本

根据古代经典目录如《出三藏记集》，以及《高僧传》的记载，《无量寿经》的译本先后有十二种，其中七种已经失传，现存的只有五种，抄列如下：

（一）《无量寿经》二卷，东汉安世高译（失）。

（二）《无量清净平等觉经》四卷，东汉支娄迦谶译（存）。

（三）《阿弥陀经》二卷，东吴支谦译（存）。

（四）《佛说无量寿经》二卷，曹魏康僧铠译（存）。

（五）《无量清净平等觉经》二卷，曹魏帛延译（失）。

（六）《无量寿经》二卷，西晋竺法护译（失）。

（七）《无量寿至真等正觉经》一卷，东晋竺法力译（失）。

（八）《新无量寿经》二卷，东晋佛陀跋陀罗译（失）。

（九）《新无量寿经》二卷，刘宋宝云译（失）。

（十）《新无量寿经》二卷，刘宋昙摩密多译（失）。

（十一）《大宝积经无量寿如来会》二卷，唐菩提流志译（存）。

（十二）《佛说大乘无量寿庄严经》三卷，北宋法贤译（存）。

由于学者们将古代各种译经录、僧传记加以对照、考证，推断后代流行的康僧铠译本，可能就是第九种刘宋宝云所译的《新无量寿经》，同时检查它的译语释例，也跟宝云所译的另一种《佛本行经》雷同。而且在本经序说中用到“得佛华严三昧”一句，应当是承袭本经第八译者佛陀跋陀罗所译《华严经》的影响。

赵宋王日休，把菩提流志所译之外的四种译本删补校正，会辑成《大阿弥陀经》二卷；民国二十一年到二十五年间（公元一九三二—一九三六年），夏莲居居士汇整五种译本而成为《佛说大乘无量寿庄严清净平等觉经会集本》一卷。

本经也在尼泊尔发现数种梵文本，公元一八八三年由马克斯·穆勒（Max Müller）及南条文雄合作将原文出版，嗣后译成英文，名为 *The Larger Sukhavativyuha Sutra*，明治四十一年（公元一九〇八年）译成日文。公元一九一七年荻原云来，以高楠顺次郎及河口慧海从尼泊尔携归的五种本经梵文原典，依西藏译本改订，译为日文，再译成英文，因此于公元一九三一年完成了梵、藏、日、英合璧的《净土三部经》，以之与《观无量寿经》及《阿弥陀经》并行。

译者及注释

（一）康僧铠又名僧伽跋摩，在曹魏废帝嘉平四年（公元二五二年）来华，在白马寺译出这部经。但根据梁慧皎的《高僧传》卷一中的“昙柯迦罗传”，曾提到康僧铠在嘉平之末，来至洛阳，译《郁伽长者经》等四部经，却没有记载他翻译《无量寿经》；而梁僧佑所撰的《出三藏记集》卷十四，有“僧伽跋摩传”，也没有译这部经的记载。

（二）宝云，在刘宋元嘉二十六年（公元四四九年）圆寂，享年七十四岁。梁《高僧传》卷三及《出三藏记集》卷十五，都有他的传记。根据学者的考证，我们现在通行的版本，很可能就是宝云所译的。

本经自印度以来，即是西方净土思想的根本圣典，其历代的注疏、解释、赞述极多，例如《无量寿经优婆提舍愿生偈》一卷，印度天亲菩萨造，北魏菩提流支译。

中国部分则有隋代慧远的《无量寿经义疏》二卷、隋代吉藏的《无量寿经义疏》一卷、唐代圆测的《无量寿经疏》三卷、新罗元晓的《两卷无量寿经宗要》一卷，乃至清代王耕心《摩诃阿弥陀经衷论》一卷，近人律航的《佛说无量寿经五重玄义》及曾普信的《无量寿经问答》等约二十多种；日本的注释则更多达五十多种。

本经组织

（一）依中国传统解释经文的方法，其内容可分为：序分、正宗分、流通分。

1. 序分：又分

（1）通序——证信序

（2）别序——发起序

2. 正宗分：又分

（1）发四十八愿

（2）依愿修行

（3）所得依正

（4）往生行业

（5）极乐庄严

3. 流通分

（二）依现代讲经方式，分为上、下两卷。

1. 上卷有七大段：

（1）此时佛住于王舍城的耆阇崛山中，为万二千位大比丘众，及贤劫中一切菩萨之所围绕。

（2）彼等与会的诸大菩萨，皆具无量行愿，皆愿安住一切功德之法。

（3）佛应阿难之请，而为宣说这部《无量寿经》。

（4）阿弥陀佛在因地修行时，历经锭光佛等五十二佛，至第五十三尊世自在王佛之世，是一国之王，后出家，名为法藏比丘，遂发四十八愿。

（5）法藏比丘已于兆载永劫，积植菩萨无量德行，满足因行。距今十劫以前已经成佛，号阿弥陀，国名安乐。

（6）广叙无量寿佛的光明第一，列举十二种光，为此佛名号，都是某某光佛。

（7）叙述安乐国中宫殿庄严，饮食自然，演万种伎乐法音。

2. 下卷有六大段：

（1）生于彼者，皆住正定聚，其人则有上辈、中辈、下辈三等。这段是说，如果能够生到阿弥陀佛的安乐世界，就能必定悟道，定为彼国上、中、下的三辈莲花所收。

（2）十方佛国诸菩萨众，亦来彼国，供养阿弥陀佛。

（3）佛劝弥勒及诸天人，精进往生安乐国土。

（4）以疑惑心修诸功德愿生彼国之人，念佛往生彼国胎宫，五百岁不见佛。

（5）列举他方十四佛国及十方世界无量佛国的诸菩萨众，皆当往生阿弥陀佛国土。

（6）当来之世，经道灭尽，唯有这部《无量寿经》，还会在人间多留一百年。

阿弥陀佛大愿有几条?

（一）现存本经的五种译本之中，东汉、东吴的两种译本，都是二十四愿。

（二）现存的曹魏、唐两译，都是四十八愿。

（三）现存的宋译是三十六愿。

（四）现代的夏莲居，于所辑的《佛说大乘无量寿庄严清净平等觉经会集本》中说道：“骤览之，魏唐广而汉吴略，细辨之，汉吴盈而魏唐绌。缘二十四者，不仅二十四；四十八者又不足四十八。”

（五）西藏译本《无量寿经》四十九愿。

（六）《悲华经》五十二愿。

法藏比丘的赞颂

尔时次有佛，名世自在王如来、应供、等正觉、明行足、善逝、世间解、无上士、调御丈夫、天人师、佛、世尊。时有国王，闻佛说法，心怀悦豫，寻发无上正真道意，弃国捐王，行作沙门，号曰法藏。高才勇哲，与世超异。诣世自在王如来所，稽首佛足，右绕三匝，长跪合掌，以颂赞曰：

佛有十大名号：应供、等正觉、明行足、善逝、世间解、无上士、调御丈夫、天人师、佛、世尊，这也是每一尊佛共通拥有的称号。

阿弥陀佛在因地修行时，从锭光佛时开始，亲近供养了五十二尊佛，到了第五十三尊佛，也就是世自在王佛时，有一位国王，听佛说法之后，法喜充满，因此发无上心，捐弃王位，舍俗出家而作沙门，号为法藏。所谓“无上正真道意”，就是发了成佛的大愿。

“高才勇哲，与世超异”，是形容法藏比丘的才高能强、智慧勇健，均非世人所及。而他来到世自在王如来处所，便五体投地顶礼佛足，向右绕佛三圈，合掌跪下，以偈赞颂佛的功德。

一、赞佛功德

光颜巍巍，威神无极，如是炎明，无与等者。

这四句偈是形容佛的身相光明庄严。“光颜巍巍”是指佛的面容发出紫金色的光芒，令人觉得崇高伟大；“威神”是指佛的威德不可思议，威仪万千，让人觉得无法衡量、无与伦比，不能侵犯。

我曾经看过名漫画家蔡志忠先生所画的漫画，把大人物画得很大，小人物画得很小，而问他：“人体都是差不多大的，为什么你画的大人物和小人物，尺寸差距这么多，岂不是与事实不符吗？”

他说：“师父，事实上，一般人看到大人物时，总感觉自己很小，大人物很大，所以我是画出大家心中的大人物和小人物。”

他又说：“师父，我们看到的不是真正的平等，我画的是人心的感受。”

诸位是否也有这种感觉？看大人物就觉得他比你大，或者认为自己是大人物时，就觉得自己是个巨人。以菩萨眼光来看佛，一定觉得佛是巍巍然、威神无比，不同于一般常人。事实上在佛经里所描写的佛，不论是化身、报身，也都比一般的人及天人，要大得多。

“如是炎明，无与等者”，炎是两个火字重叠相加，火有火焰、光焰的意思，光焰上再加光焰，就是表示非常光明，世上没有任何发光的东西，可以跟佛身的光焰相比拟的。

日月摩尼，珠光炎耀，皆悉隐蔽，犹如聚墨。

这四句偈是在说明：若用世间最光明的东西，例如日光、月光、摩尼宝珠光，与佛身相的光明对照相比的话，世间的一切光，就会黯然失色，简直就像黑墨一样。

如来容颜，超世无伦，正觉大音，响流十方。

佛的脸上放光，无与伦比，佛所宣扬的妙法，音声响遍十方诸佛国土。

有以“佛面犹如净满月”来形容佛的面孔如八月中秋夜晚的明月，清净、圆满、明亮、清凉；然而中秋的月亮表面还是有一些黑影，佛面却是毫无瑕疵的。

法藏比丘不仅赞叹佛的面相、身相，更赞叹佛在说法的法音，那是世出世间的“正觉大音”，不是凡夫众生的世间音，也不是二乘圣者的出世音。

基督教的《新约》，将基督的教义称为“福音”，佛教则把佛法，称为大觉者的“法音”。福音的“福”对佛教徒来说，只是修人天福报，最多是享受天界福报；可是大觉世尊的法音，是帮助众生除烦恼、越三界、出苦海、成佛道的智慧，故名为正觉大音。

“响流十方”意思是，只要有佛出世、说法、度众生，十方一切佛国净土的诸佛及诸有情，便会知道有这一尊佛在说法，如同释迦牟尼佛在我们这个娑婆世界说法，十方无量诸佛的世界，都知道有佛出世、有佛说法。

戒闻精进，三昧智慧，威德无侣，殊胜希有。

这是赞叹佛的所有威德，包括持戒、闻熏、精进、禅定、智慧等，都比一切大、小乘的圣者稀有殊胜。

佛是持戒最精进、最圆满、最究竟的人，圆满成就一切大、小乘的净戒。凡夫持戒是坏事不做；菩萨持戒是不得做坏事，也不得不做好事。小乘人持戒，仅要求身、口二业不作恶；大乘菩萨持戒，必须身、口、意三业清净。大、小乘圣者，都有道共戒，自然不犯恶业，但唯有佛的戒德庄严，已经圆满无缺，故称“无侣”。

“闻”是听到的意思，对凡夫来说是听佛法，在诸佛菩萨来说，则是听闻众生受苦、求救的声音。凡夫的耳朵就是喜欢听人家赞叹自己的话，也善听所有人批评别人的话；但是我们学佛的人，应该学诸佛菩萨，听闻法音，听闻众生受苦受难的声音，而适时适地恰到好处地帮助他们。

“精进”就是永远不懈怠的意思。懈怠和精进是相对的，如果应该做、能够做，却不去做，或是心存现在不做，下次再做，甚至今天不做没关系、今生不做也没关系的心态，就是懈怠。相反地，精进则是充分利用每一个现在，乃至于每一分、每一刹那的现在，努力持净戒，努力闻佛法，努力修禅定，努力增智慧；虽然只有诸佛菩萨才能如此精进，但我们凡夫也应该尽力学习，尽力去做。

“三昧”是指在禅定的功用，亦即心中无杂念，便能不受外界的任何困扰。

“智慧”分为有漏与无漏。凡夫以自我为中心，纵然很聪明，还是有我执在，所以是有漏的智慧；大菩萨没有自我中心，具备无漏的智慧；佛则是圆满的觉者，所以是无人能及的一切智者。

“威德无侣，殊胜希有”，是因为世尊具备戒、闻、精进、三昧、智慧的五种条件，是世出世间一切圣者中的最上圣者，所以佛的威德，殊胜稀有，无人能比。

深谛善念，诸佛法海，穷深尽奥，究其崖底。

这是形容世自在王如来的智慧。“深谛”就是彻底地认识和了解；“善念”是非常深刻地忆念着，也就是深刻地理解而经常不忘“诸佛”所说的“法海”胜义。法就是由诸佛所证所说的道理，让我们听了以后，照着学习，照着实践，也照着去如实修证。“海”有两层意思：第一是广大无际，第二是深厚无底，是形容佛法无量无边；虽然诸佛所言说的法有限，但是其法义内涵是无限的。

诸佛的法海，包括十方一切诸佛所证所说的种种法，可分成义海和理海，所有有关佛教的名词，称为“义海”，亲自实证如来的法身，称为“理海”；通达无量法义，是为深彻义海；如能修行佛法而达明心见性，那就是实证理海；义海属于思辨，理海出于经验。

如来对于高深奥妙的诸佛法海，都能透彻体会，达于崖底。这是赞叹如来的智慧弘深，无障无碍。

无明欲怒，世尊永无，人雄师子，神德无量。

“无明”是烦恼的根本，无明会障碍善根，令人不起智慧；而由无明所产生烦恼的现象，就是贪、瞋、痴三毒。

所谓“无明、欲、怒”，实际上就是指的愚痴、贪欲、瞋怒，称为三毒。众生在没有成佛之前，永受烦恼困扰。有烦恼，受困扰，竟不自知是烦恼，便叫作无明。有的人，天天觉得很欢喜、很高兴，不觉得有什么不好、不舒服的，还认为这就是没有烦恼；但其实天天都在贪、瞋、妒嫉、怀疑中打滚，却不知道那就是自害害他的烦恼，就是无明。佛则是无明根断，烦恼已尽，永无三毒了。

“人雄师子，神德无量”，这是形容佛的威德、威神、法的威力，无量无边，像人中的雄狮。威武、勇猛的狮子，称为百兽之王，而佛是众生之中的法王，说法如狮吼，一切众生听到了佛的法音之后，都会弃邪归正。

功德广大，智慧深妙，光明威相，震动大千。

在《涅槃经》里面提到佛有三种功德：般若德、法身德、解脱德；以般若证法身、得解脱，叫作三德圆明。佛的功德广大，是无法衡量的，所以称为“功德广大”。所以，听闻佛法，比听闻其他学问的功德要大，因为佛的智慧，是从佛法的修证而得到的，而且佛的智慧是最深广最圆满的。

佛的功德无量，而凡夫之人能有什么功德？给人一碗饭吃，给人一件衣服穿，给人一点钱用，救人一条生命，这都是功德，是救人色身、肉体的寿命，功德当然很大；但如果能布施佛法，则是救人法身的慧命，这样的功德更大；又如果能用佛法自度自救，救度一切众生，便是修行菩萨道，这样的功德最大。若仅以佛法自利，顶多是“有修有证”，若能利益众生，则名为功勋，亦名功德。

“光明威相”，是形容佛的慈悲光及智慧光，包括照亮众生世界的慈悲光，以及破除众生无明的智慧光。如果只有智慧而慈悲不足，那是修小乘的人，小乘人也有慈悲，只不过没有像菩萨及佛那样永远度众生的大慈悲。

佛的三十二种大人相，都是威神庄严相，由于佛有光明和有威德的相貌，以及智慧深妙能如狮子吼般地说法，因此能震动大千世界，唤醒六道昏蒙。

一个太阳系等于一个小世界，一千个小世界叫作小千世界，一千个小千世界叫作中千世界，一千个中千世界叫作大千世界，大千世界共有小千、中千、大千三个层次，所以又叫作三千大千世界。

每一尊佛弘化的范围叫作一个大千世界，释迦牟尼佛弘化的世界，就是我们的娑婆世界，娑婆世界就是一个大千世界。而释迦牟尼佛的色身，是为了度化娑婆众生而来，除了地球世界之外，在我们这个娑婆世界的三千大千世界里，释迦牟尼佛有千百亿个化身。

二、发愿作佛

愿我作佛，齐圣法王，过度生死，靡不解脱。

此偈是法藏比丘所发无上菩萨心的正愿，前面都是赞叹世自在王如来的各种功德，现在是法藏比丘自己发愿，愿他自己成佛，而且希望：他在成佛后的功德、智慧、光明，都能跟法王一样。

法王也是佛的别称，世自在王佛是法王，阿弥陀佛是法王，释迦牟尼佛是法王，药师佛等也都是法王。因此，在西藏凡是转世的大成就者，都被誉封为法王；但此处所指的是佛，也唯有佛，才是真正的法王。

“过度生死，靡不解脱”，有两层意思：1. 自己本身已经由于佛法而度脱了生死。2. 使得如法修行的人，也都能度生死苦海，获得解脱。

布施调意，戒忍精进，如是三昧，智慧为上。

为完成圆满的佛果，先要修行六度，就是首先以布施调整自私心，长养慈悲心，再修持戒、忍辱、精进、禅定，以及无漏的智慧。

“三昧”，梵文 samādhi，就是定、等持、现法乐住、息虑凝心等的意思。可解作禅定，也可解作任何一样的修行，到究竟的深处，都能成为定慧不二的三昧。法门无量，每一法门都能让我们通向涅槃、解脱，任何一项成佛的修行法门，精进不懈，都能得智慧，都能得禅定，所以门门都能成为三昧；其实若和清净的智慧相应，做任何事都能得三昧。

六度之中的每一度，若与智慧相应，都能成为三昧。有人说布施最容易做，人人都会，但唯有不求回馈的无相布施，不着相，不问有没有功德，才是大功德，才能得布施三昧。

有人认为，持戒只是修人天福报，这只讲对了一半，那得看你持的是什么戒？用什么心来持戒？以求取人天福报的心，或者怕下地狱受苦报的心来持戒，顶多是得人天福报而不得持戒三昧；若能不为求取什么而严持佛戒，就能得持戒三昧。

吾誓得佛，普行此愿，一切恐惧，为作大安。

这是说，法藏比丘发愿自己一定要成佛，要好好地依愿修行，普度众生，使得一切有恐惧的众生，能够得到最大的平安。

生命是一种果报，应该要受的，逃也逃不掉，不该得到的，求也求不得。知道了佛法，受用了佛法，就不需恐惧；何况对于学佛的善人，尚有诸佛菩萨，以及护法天神的日夜护持。

三、坚正求道

> 假令有佛，百千亿万，无量大圣，数如恒沙，供养一切，斯等诸佛，不如求道，坚正不却。

这段经文是说，假如有人供养无量无数诸佛，还不如求无上菩提，行菩萨道，学习法藏比丘的大悲愿心，坚定不退。因为法藏比丘的大悲愿心是要在他成佛以前，度无量众生，成佛以后还是要度无量众生。

“求道”便是发菩提心，求无上佛道。但是初发心容易，长远心难持，一般人常因少许委屈、打击、挫折就会气馁、退却。若真的道心坚固，则任何威胁、利诱、阻碍、骚扰，都不会动摇他的菩提心，这才是真正

“坚正不却”了。

因此法藏比丘告诉我们，供养无量无数恒河沙数一切诸佛的功德固然极大，还不如道心坚固，更加重要。因为供养诸佛只得福报，发菩提心、行菩萨道、坚正不退，才能成熟无量众生，共成无上佛道。

> 譬如恒沙，诸佛世界，复不可计，无数刹土，光明悉照，遍此诸国，如是精进，威神难量。

十方诸佛的数量，就如恒河中的沙子，多得难以计算。而每一佛都有一世界，一尊佛的世界，就是一个国土，亦名“刹土”，梵文 kṣetra 译为刹，意为土田，也就是“国土”的意思。

“譬如恒沙，诸佛世界，复不可计，无数刹土”，这四句话有两层意思：1. 有佛住世的世界，多得像恒河沙数不可计数；2. 还有无佛教化的世界，也多得不可计数。

不论在有佛世界或无佛世界，法藏比丘都要发愿用慈悲及智慧的光，普遍照耀每一个国土。像这样的精进力及威神力，是很难以算数譬喻所能度量的；在任何一个国土中，所能产生的影响力，也是大得无法用数字去衡量的。我们每一个众生，不管是过去、现在、未来的，不管是人，乃至地狱、饿鬼、畜生，有形的、无形的，都已间接或直接受到阿弥陀佛的慈光普照，功德难量。我们学佛的人，也应该学习阿弥陀佛的精神，将所学到的佛法，分享他人，也算是代佛放光，而这份悲智之光，植于八识田中，未来有机会随时可以发芽生长，一直到成佛为止，不断地成长，影响自己、影响他人、影响一切众生，也可说是无可称量。

四、严土熟生

> 令我作佛，国土第一，其众奇妙，道场超绝。国如泥洹，而无等双，我当愍哀，度脱一切。

“令我作佛，国土第一”，这是法藏比丘对世自在王如来说：“当我成佛时，成就的佛国净土是所有一切国土之中最好的。”这里的“第一”，有两层意思：一是阿弥陀佛的佛国净土，和娑婆世界，以及其他许许多多的诸佛世界比较，是最庄严殊胜的。二是因为十方世界所有无量诸佛，都在赞叹阿弥陀佛的极乐国土，都在鼓励所有的众生，往生阿弥陀佛的极乐世界。

阿弥陀佛的极乐世界，本经称为安乐世界，其土所有的众生，都是诸上善人，都是得不退转的菩萨，都是所作已办的阿罗汉。其实在阿弥陀佛的世界，那些声闻圣者，实际上也是佛菩萨化现，乃至所有的鸣禽，也是佛菩萨的化现，《阿弥陀经》云："是诸众鸟，皆是阿弥陀佛欲令法音宣流，变化所作。"所以在阿弥陀佛国土里，一切众生，都很奇妙。弘扬佛道的地方叫作"道场"，庄严殊胜，超越一切国土的道场，就是阿弥陀佛的极乐世界。

"国如泥洹"，泥洹是梵文 nirvāṇa 的音译，意谓寂灭、圆寂、圆满、寂静，看到净土经典里描写的佛国净土，有那么多的庄严景物，进入那个净土之后的人，就得解脱而住在不生不灭的涅槃境界里。在那个净土里的众生，身体是由莲花化生，而西方安乐世界的莲花，是永远不凋谢的，但其一切境界的一切景物，看似有相实即无相寂灭。

法藏比丘在成佛之后，经常怜悯和哀念娑婆世界一切的众生，对于那些还没有生到安乐世界的、尚没有证到涅槃的、尚没有解脱苦难的一切众生，阿弥陀佛都要度脱他们。

十方来生，心悦清净，已到我国，快乐安稳。

这四句是说，当法藏比丘成佛以后，所有十方国土中往生安乐世界的一切众生，心中一定生起清净无染的喜悦，到了彼国，便在安稳中享受解脱自在的快乐。也就是说，彼国众生，外无苦迫煎熬，内无三毒攻心，所以称为“快乐安稳”。

幸佛信明，是我真证，发愿于彼，力精所欲。十方世尊，智慧无碍，常令此尊，知我心行。

“幸”是期待的意思，有希望、促成的意思。法藏比丘发愿要成就庄严安乐世界，以安乐世界来成就所有愿生彼国的众生，希望世自在王佛相信他所发弘愿，给他信心、给他光明，他要尽自己一切力量，完成悲愿。“力精所欲”的“欲”，跟贪欲的欲不一样，这是无私悲愿而非自私欲望，所以学佛的人应该要学习着：自私的贪欲不可有，弘法的悲愿不能无。

“十方”的诸佛“世尊”都是智慧无碍的，法藏比丘祈请诸佛世尊作证，愿十方诸佛，永远都知其心行。

假令身止，诸苦毒中，我行精进，忍终不悔。

处身于被诸种苦毒煎熬的五浊恶世之中，凡有贪、瞋、痴等烦恼众生所在之处，法藏比丘就到该处，精进不懈利益众生，修种种忍辱行，永不后悔。这是说，法藏比丘在因地时，为了要成就安乐国土，以及成熟无量愿生其国的诸众生等，所以发愿：难行能行，难舍能舍，难忍能忍。

明末蕅益大师，便曾受此经感动，也发了四十八愿。现在诸位菩萨来听此经，也应学习阿弥陀佛这样弘深的大悲愿心；为了成就安乐世界，为了成熟众生，就得从现在开始，于诸苦毒环境之中，勇猛精进，难忍能忍，永不退心，永不后悔。

摄取佛国清净之行

佛告阿难：法藏比丘说此颂已，而白佛言："唯然世尊，我发无上正觉之心，愿佛为我广宣经法，我当修行，摄取佛国清净庄严无量妙土，令我于世，速成正觉，拔诸生死勤苦之本。"

这个时候，释迦牟尼佛继续告诉阿难尊者：法藏比丘说了以上的颂词之后，就禀告世自在王如来说："佛啊！我已经发了无上正觉成佛的心，愿佛世尊，为我宣说如何修行的法门，我一定会照着去做。为使摄取无量清净佛国妙土的功德庄严，使得我在这个世间早成正觉，救济拔除一切众生的生死勤苦。"也就是说，法藏比丘希望听到世自在王佛为他说法开示，但愿功德成满，拔除一切生死勤苦之根本，早成佛道。

> 佛语阿难：时世自在王佛，告法藏比丘：“如所修行，庄严佛土，汝自当知。”比丘白佛：“斯义弘深，非我境界，唯愿世尊，广为敷演诸佛如来净土之行，我闻此已，当如说修行，成满所愿。”

这一段经文，是释迦牟尼佛告诉阿难尊者：当时的世自在王佛回答法藏比丘：“你就照着那样子修行吧！如何修行来庄严你自己的佛国净土，你应该知道了。”法藏比丘还是不懂，接着请求：“佛说的这个道理非常深奥，不是凭我自己就能够了解的境界，但愿世尊为我详细地开示，究竟诸佛如来是以怎样的修行来成就他们清净的国土呢？我听了以后，一定照着修行，这样才能圆满我的心愿。”

> 尔时世自在王佛知其高明，志愿深广，即为法藏比丘而说经言：“譬如大海，一人斗量，经历劫数，尚可穷底，得其妙宝，人有至心精

进，求道不止，会当克果，何愿不得。”

世自在王如来知道法藏比丘的悲愿，是高明、深厚、广大的，是法海的龙象，是佛门的大器，因此就为法藏比丘宣说经法。其中并无玄秘之处，所谓修行的方法，就是“至心精进，求道不止”八个字。

经文“譬如大海”，是形容法门深广如大海，几乎是不可能用斗把海水掏空的，但也不是办不到，只要你有恒心，历经无量劫数的时间，仍可把海水掏空，取得海底的妙宝了。相同地，修菩萨道的人，只要至诚专一而又精进不退，不达求道成道的目的，绝不终止，自然就会获得你所愿求的结果。

于是世自在王佛，即为广说二百一十亿诸佛刹土，天人之善恶，国土之粗妙，应其心愿，悉现与之。时彼比丘，闻佛所说，严净国土，皆悉睹见，超发无上殊胜之愿。其心寂静，志无所著，一切世间，无能及者。具足五劫，思惟摄取，庄严佛国清净之行。

接着释迦牟尼佛又介绍世自在王佛告诉法藏比丘如何地修行。世自在王佛非常详尽地宣说了二百一十亿诸佛刹土的状况，每一个佛国众生的善恶行为，每一个佛国设施的粗细品质，这种种状况也如法藏比丘所期望的那样，全部显现在他的眼前。

或许会有人以为，凡是佛国的众生，必定都是唯善无恶的；凡是佛国的设施，必定都是唯妙无粗的。可是未必如此，例如释迦牟尼佛所教化的国土，也就是我们这个娑婆世界，除了人类以外，尚有其他五趣众生，是有善有恶的；这个娑婆世界的环境，也是有粗有妙。

法藏比丘见了二百一十亿佛国众生及佛国环境，因为有善有恶，有粗有妙，所以立时发起了超越一切佛国的无上殊胜大愿。此时他的心是寂静无着，自然而然不假造作的，一切世间的所有众生，都比不上他。其实，此时的法藏比丘，已经进入极高、极深的禅定，住于不动定境，经过五个大劫，都在静虑思惟，摄取庄严诸佛国土的清净之行。

所谓“国土之粗妙”，从我们人的角度看这个世界，究竟是粗还是妙？有一些艺术家看这个世界，处处都是美景，物物都可入画，都能成为诗咏的题材。从他们的作品来看，彷佛他们所处的是一个唯善、唯美的世界。但在现实生活之中，则不尽然，他们同样有七情六欲，同样看到有善有恶、有美有丑，只不过透过他们的技术和巧思，便成了美化的人间。

若用慈悲和智慧的佛眼看世界，世界既是平等的，也是无差别的，那是因为佛无主观的利害问题，所以唯善无恶，唯妙无粗；众生仍有烦恼，所以善恶分明，粗妙历然。

如果我们能对自己用无我的智慧，对众生用平等的慈悲，便能让自心无苦，体会到众生有苦，而全心发起悲愿，永远广度众生。

阿难白佛：彼佛国土，寿量几何？佛言：其佛寿命四十二劫。时，法藏比丘，摄取二百一十亿诸佛妙土清净之行。如是修已诣彼佛所，稽首礼足，绕佛三匝，合掌而住，白言世尊："我已摄取庄严佛土清净之行。"佛告比丘："汝今可说，宜知是时，发起悦可一切大众；菩萨闻已修行此法，缘致满足无量大愿。"比丘白佛："唯垂听察，如我所愿，当具说之。"

阿难尊者又请教释迦牟尼佛："世自在王佛的国土，维持了多久？世自在王佛，住世多久？"释迦牟尼佛说："此佛的寿命有四十二劫。"

"劫"有小劫、中劫、大劫，此处的四十二劫是指大劫，这个时间是相当的长。根据佛经中的比喻：若人的寿命从八万四千岁起，一百年减少一岁，少到人的寿命只有十岁时，这个过程叫作减劫；然后从人的寿命十岁开始，一百年增加一岁，增到人的寿命八万四千岁时，叫作增劫。这段一减一增的时间过程，叫作一个小劫；二十个小劫，称为一个中劫；四个中劫，称为一个大劫。

一般的人所讲的劫，指的是劫难，但是在佛经中所说的劫，指的是时间单位。例如世自在王佛寿命有四十二"劫"；法藏比丘见佛闻法，入甚深禅定中，经过五"劫"思惟，便摄取了庄严二百一十亿诸佛妙土的清净之行。

法藏比丘如说修行，圆满之后，又回到世自在王佛的座下，顶礼佛足，右绕三遍，然后合掌立于佛前，禀告佛说："庄严二百一十亿诸佛国土的清净之行，我都已经修持圆满了。"世自在王佛就告诉法藏比丘：

“好，你现在可以说出你怎么修的，与大众分享你的心得，使得一切大众生欢喜心，这些听到你报告的菩萨们，也会照着修行，满足你的无量弘誓大愿。”这些听到法藏比丘报告他如何修行菩萨道的众生，都是发心菩萨，也能因此修行“满足无量大愿”。

法藏比丘又禀告世自在王佛：“请佛慈悲，听我宣说所发的殊胜大愿，敬祈明察我所发的弘愿，现在我就将四十八个大愿，完全对佛说吧！”

四十八愿

1. 设我得佛，国有地狱、饿鬼、畜生者，不取正觉。

这段为“无三恶趣愿”。佛法将众生法界分作十类，或为十个层次，总名为十法界。十法界中，又分凡、圣两类：

（一）六凡法界：是世间的凡夫众生，共有六个层次——天界、人界、阿修罗界、畜生界、饿鬼界、地狱界。六界又称为六道或六趣，上三道为善趣，下三道为恶趣，又名为三涂。

（二）四圣法界：是出世间的大、小乘圣人，共有四个层次——声闻、缘觉（又名独觉）、菩萨、佛。此四层次的初二种，是小乘圣者，二者合称，又名二乘圣者；后二种是大乘圣者，又名一乘圣者。

无量寿佛成佛之后的安乐世界净土之中的众生，都是已阶不退转位的圣者，所以无三恶道。

2. 设我得佛，国中人天，寿终之后，复更三恶道者，不取正觉。

此为“不更恶趣愿”。一旦依佛愿力，往生彼国的众生，都是莲花化生，虽有天人之相，但都能见佛闻法，得无生忍，不再退转，当然不再由于业报而还堕三恶趣中了。

“人天”二字，在梵文本，称为“那些往生我佛国的诸有情”。

3. 设我得佛，国中人天，不悉真金色者，不取正觉。

此为“悉皆金色愿”。一般人的身体颜色，不外乎黄、白、红、黑四种；在释尊时代，除了佛本身（佛三十二相其中第十四相，便是“身金色相”）之外，仅有数人是金色的，例如“金色头陀”摩诃迦叶及《金色童子因缘经》所载的大商主之子，身有金色，名为金色童子。但是无量寿佛的世界，所有众生都从七宝莲花化生，身相都是金色的。

4. 设我得佛，国中人天，形色不同，有好丑者，不取正觉。

此为“无好丑愿”。在此娑婆世界的人相，由于各自的福德不同，长相就有好丑，心态时善时恶，面相也跟着时好时丑。但是西方净土中的众生，都有福德智慧、心地唯善无恶，所以形色都是庄严慈悲相。

5. 设我得佛，国中人天，不悉识宿命，下至知百千亿那由他诸劫事者，不取正觉。

此为“宿命智通愿”，之所以将神通称为智通的意思，是圣者因悟而得的神通力，必与智慧相应；唯此界凡夫众生，极少有神通能力又有智慧的。凡夫神通有五种：神足、宿命、天眼、天耳、他心，力量范围均极有限；圣者则加一种漏尽通，称为六通；罗汉具有天眼、宿命、漏尽的三明；佛则具足圣者的六通及罗汉的三明，称为三明六通，或三达六通，唯有佛的神通究极无限不可思议。

一般凡夫的神通，可从修得，也可由报得，尚有的是鬼神附体而表现神通，都不能究竟，故不可靠，例如凡夫外道的宿命通，仅能知前生或未来的数世，能知数百千年者，已经极少，但也不知道其中的因缘，且未来事之因缘、因果变化不可思议，知了等于未知；更何况能知“百千亿那由他诸劫事”，所以凡夫外道预言未来事，多半不可靠。若生西方净土之后，人人都有宿命通的威力，胜过凡夫所有者，不可以道里计。

那由他是梵文 nayuta 的音译，意为兆、沟，是印度大数量的单位。

6. 设我得佛，国中人天，不得天眼，下至见百千亿那由他诸佛国者，不取正觉。

此为“天眼智通愿”。天眼通能照见六道之中远近粗细的各种现象，俗所谓“千里眼”，仅见千里或数千万里，连自己所处银河系的世界状况也不清楚。但是众生到了西方净土，所得天眼能见无量诸佛国土事。

7. 设我得佛，国中人天，不得天耳，下至闻百千亿那由他诸佛所说，不悉受持者，不取正觉。

此为“天耳智通愿”。天耳通，能闻极远声、极小声。西方净土的众生，能够不动原处而亲闻他方无量诸佛说法，并且同时悉皆受持。俗称的“顺风耳”，仅能听到若干百千里外的声音；即使今日人间的电台、电视、电脑，用电波传递声音、影像，不仅尚未突破太阳系的范围，更何况十方诸佛国土的诸佛说法之声呢！

8. 设我得佛，国中人天，不得见他心智，下至知百千亿那由他诸佛国中，众生心念者，不取正觉。

此为“他心智通愿”。他心通能洞悉他人的心念之所思所想，一般凡夫外道的他心通，只能观察当前某一个人的心中在想什么，若当前某人处于定中，或处于无念的状态，便不能知道此人的存在与否，也不能同时明察多人的心念活动。到了西方净土的众生，不仅无远弗届地知道十方佛国所有众生的心念，也能同时明察无量佛国众生的心念活动。

9. 设我得佛，国中人天，不得神足，于一念顷，下至不能超过百千亿那由他诸佛国者，不取正觉。

此为“神境智通愿”。神足通又名神境通，它的内容范围很广，凡能钻天入地、腾云驾雾、神出鬼没、点石成金、呼风唤雨、撒豆成兵、变有成无、移山倒海等及所谓“十八神变”，都是神足通。“十八神变”出于《法华经》，包括：右胁出水、左胁出火、右胁出火、左胁出水、身上出水、身下出火、身上出火、身下出水、履水如地、履地如水、空没在地、没地于空、行于空中、住于空中、坐于空中、卧于空中、现大身满虚空、现大复小。在《瑜伽师地论》也说有菩萨的十八种神变，项目与《法华经》所举者略异，包括有放光、动地、制他、辩才等。

本经所说是指，往生到了西方净土的众生，能于一念之顷的短时间内，越过千百亿那由他诸佛国土。如同阿弥陀佛以神足力，接引此界众生往生彼国之际，虽经十万亿诸佛国土，也仅一念之顷而已。

10. 设我得佛，国中人天，若起想念，贪计身者，不取正觉。

此为“无有我想愿”，即是得到六通之中的漏尽通，此愿又名令不起漏染愿，离诸妄想、我及我所等愿，不起想念贪爱身愿，不贪计身愿，无贪着身愿，也就是已经放下对于身体的执着，不起我想，从身见得解脱。若依梵文本，此愿愿文是说：“彼诸有情众，往生我佛国土者，若于彼等自身，起少许执着相者，我于其间，不证无上正等觉。”

11. 设我得佛，国中人天，不住定聚，必至灭度者，不取正觉。

此为“住正定聚愿”。本经卷下有云：“其有众生，生彼国者，皆悉住于正定之聚。所以者何？彼佛国中，无诸邪聚及不定聚。”定聚，亦名正定聚，即是决定悟道的众生群；邪聚是不信三宝的众生群，不定聚是若遇善缘，即发菩提心，若不遇善缘也会造三恶趣业。

此愿又名必至灭度愿、证大涅槃愿，故在梵文本中说：“若诸有情往生我佛国土而不皆至大圆寂，于正性决定者，不证无上正等觉。”

12. 设我得佛，光明有能限量，下至不照百千亿那由他诸佛国者，不取正觉。

此为“光明无量愿”。《阿弥陀经》有云：“彼佛光明无量，照十方国，无所障碍。”阿弥陀佛意译既是无量寿佛，也是无量光佛，《观无量寿经》中形容阿弥陀佛的莲花作百宝色，有八万四千脉，脉有八万四千光，花有八万四千叶，每叶之间皆有百亿摩尼珠玉，每一珠皆放千光明。莲花台有四宝幢，幢有五百亿微妙宝珠，每一宝珠有八万四千光。本经也说：“无量寿佛，光明显赫，照曜十方诸佛国土。”又说：“无量寿佛，号无量光佛、无边光佛、无碍光佛、无对光佛、炎王光佛、清净光佛、欢喜光佛、智慧光佛、不断光佛、难思光佛、无称光佛、超日月光佛。其有众生遇斯光者，三垢消灭，身意柔软，欢喜踊跃，善心生焉。”

平常所用“佛光普照”，便可以用来形容阿弥陀佛以清净、欢喜、智慧等光来利益众生，除贪、瞋、无明之三垢，修戒、定、慧三无漏学的善心。

13. 设我得佛，寿命有能限量，下至百千亿那由他劫者，不取正觉。

此为“寿命无量愿”。阿弥陀佛号为无量寿佛，为度无量众生，必具无量长的寿命。这也是代表着阿弥陀佛的悲愿无穷，永远给予众生救济。

14. 设我得佛，国中声闻，有能计量，乃至三千大千世界众生缘觉，于百千劫，悉共计挍，知其数者，不取正觉。

此为“声闻无数愿”。西方净土中有极多的有情众生，以声闻、缘觉二乘圣者的出家身相，住彼国中，也像释迦世尊在法华会上的诸大罗汉声闻弟子，虽受成佛记莂，仍是声闻身相。声闻有四果位，入初果者，尚须天上人间七返生死，二果一返生死，至三果已，住不还净居天，四果永出三界。但西方净土于《阿弥陀经》所云："彼佛有无量无边声闻弟子，皆阿罗汉，非是算数之所能知。"也就是说，西方弥陀净土中的声闻弟子，都是四果阿罗汉，没有初、二、三果的圣者。

15. 设我得佛，国中人天，寿命无能限量，除其本愿，修短自在，若不尔者，不取正觉。

此为"人天长寿愿"。彼国佛的寿命无量，往生彼国的众生，也都能够寿命无量；除非有的菩萨，已发本愿，愿意倒驾慈航，还入生死界中，度脱苦海众生，那就随其本愿，寿命可长可短，自由决定。

16. 设我得佛，国中人天，乃至闻有不善名者，不取正觉。

此为“无诸不善愿”。正如本经所说：“彼佛国土，无为自然，皆积众善，无毛发之恶。”《阿弥陀经》亦云：“彼佛国土，无三恶道。……尚无三恶道之名。”不仅没有恶人恶事，连恶、不善之名也不会听到。

17. 设我得佛，十方世界，无量诸佛，不悉咨嗟称我名者，不取正觉。

此为“诸佛称扬愿”。在《阿弥陀经》中说十方诸佛（仅举东、西、南、北、上、下六方）都称赞阿弥陀佛的不可思议功德，不仅释迦世尊赞叹阿弥陀佛名号，一切诸佛亦无不赞叹，故也将《阿弥陀经》称为“称赞不可思议功德一切诸佛所护念经”。

18. 设我得佛，十方众生，至心信乐，欲生我国，乃至十念，若不生者，不取正觉。唯除五逆，诽谤正法。

此为“念佛往生愿”。此愿在弥陀净土念佛法门的思想史上，非常重要。念佛法门在《观无量寿经》提出的有观想念佛、观像念佛、实相念佛、称名念佛；《阿弥陀经》说的是持名念佛。根据近代日本学者望月信亨考察梵文本的《无量寿经》所载念佛，是“随念”、是“思惟念”，其所明示的“乃至十念”、“乃至一念”，是用意念思惟无量寿佛名号欲生彼国，即能如愿往生。有关念佛法门的详细讨论及介绍，可参阅另一本拙作《念佛生净土》。

至于愿文所示“唯除五逆，诽谤正法”是说，除了犯五逆罪及诽谤正法罪者无法往生西方净土之外，凡能信愿念佛之人，不论有罪无罪、善多善少，都可往生彼国。然于《观无量寿经》的“下品下生”往生条下，则又开慈悲的方便之门，而云：“或有众生，作不善业，五逆十恶，具诸不善，如此愚人……临命终时，遇善知识，……教令念佛，……具足十念，称南无阿弥陀佛，……如一念顷，即得往生极乐世界。……是名下品下生者，是名下辈生想。”这是救了五逆重罪的人。至于诽谤正法者，若无悔意，即是邪聚众生，若有悔意，即是不定聚众生，遇善知识，种种安慰，为说妙法，教令念佛，仍可往生彼佛国土。

19. 设我得佛，十方众生，发菩提心，修诸功德，至心发愿，欲生我国，临寿终时，假令不与大众围绕现其人前者，不取正觉。

此为“来迎接引愿”。凡有众生发了菩提心，并修诸功德，又至心发了往生阿弥陀佛极乐国土之愿，临命终时，必定得见阿弥陀佛在诸圣众围绕之下，前来接引，这是勉励上辈及中辈往生的众生。下辈众生亦须发菩提心，一向专志，乃至十念，念无量寿佛愿生其国，但是未能作诸功德。可见，发菩提心很重要，修诸功德也重要。

何谓“修诸功德”？依本经所云：“多少修善，奉持斋戒，起立塔像，饭食沙门，悬缯然灯，散华烧香。”若依《观无量寿经》所云是修三福净业；若依《阿弥陀经》所云是持名念佛。

20. 设我得佛，十方众生，闻我名号，系念我国，殖诸德本，至心回向，欲生我国，不果遂者，不取正觉。

此为“闻名系念定生愿”。此在中国及日本的净土信仰者之间，也极重要，重点是“闻名往生”及“系念往生”。一般所说的念佛，已如第十八愿的解释中介绍，十念乃至一念念佛，若愿往生彼国者，皆得往生。此处则另有一愿，“闻我（阿弥陀佛）名号”未必需要称名、持名、观想、观像，只要“系念我（阿弥陀佛）国”土者，便得往生。

闻名起信，系念往生，殖诸德本，即得生彼国土，故日本的法然主张信愿念佛，亲鸾主张本愿往生，法然尚以念佛工夫求生净土，亲鸾相信唯信佛的本愿，便生净土；在中国则有中峰明本编了一部《三时系念》的净土修行仪轨，主要是为度亡追荐。至于“殖诸德本”，便是以“修诸功德”为其根本。

21. 设我得佛，国中人天，不悉成满三十二大人相者，不取正觉。

此为“三十二相愿”。诸经论中对于三十二相的次第排列，多少有些出入，一般的介绍，多依《大智度论》卷四的顺序如下：1. 足下安平立相，2. 足下二轮相，3. 长指相，4. 足跟广平相，5. 手足指缦网相，6. 手足柔软相，7. 足趺高满相，8. 伊泥延腨（腨）相，9. 正立手摩膝相，10. 阴藏相，11. 身广长等相，12. 毛上向相，13. 一一孔一毛生相，14. 金色相，15. 丈光相，16. 细薄皮相，17. 七处隆满相（两手、两足、两肩、项中），18. 两腋下隆满相，19. 上身如师（狮）子相（平整威仪严肃），20. 大直身相，21. 肩圆好相，22. 四十齿相，23. 齿齐相，24. 牙白相，25. 师（狮）子颊相，26. 味中得上味相，27. 大舌相（伸舌覆其面而至发际），28. 梵声相（音声清净能闻于远处），29. 真青眼相，30. 牛眼睫相，31. 顶髻相（无见顶相），32. 白毛相。另《大智度论》卷二十九又云："三十二相有二种，一者具足如佛，二者不具足如转轮圣王、难陀等。"依本经的第二十一愿所示，生于极乐国土的众生，无一不具三十二相。

22. 设我得佛，他方佛土，诸菩萨众，来生我国，究竟必至一生补处。除其本愿，自在所化，为众生故，被弘誓铠，积累德本，度脱一切，游诸佛国，修菩萨行，供养十方，诸佛如来，开化恒沙，无量众生，使立无上正真之道，超出常伦诸地之行，现前修习普贤之德，若不尔者，不取正觉。

此为“必至补处愿”。一生补处的菩萨，对于当前的娑婆世界而言，只有一位弥勒菩萨，现住在兜率内院，尽此最后一生的菩萨身分，便到人间降生成佛，来补释迦牟尼佛所处之位置，因此又名“一生所系菩萨”，是最高的菩萨位，转生即补佛位，梵文 Ekajāti-Pratibaddha。

在西方极乐国中，像观世音菩萨，将补阿弥陀佛的佛位，也是一生补处菩萨，可是彼土之中，诚如《阿弥陀经》所说：“极乐国土，众生生者，皆是阿鞞跋致（不退转），其中多有一生补处，其数甚多。”凡是往生彼国众生，将来必定能至一生补处而终必成佛。

唯其若已发愿，愿为度脱众生，游诸佛国，修菩萨行，开化无量众生，使之建立无上佛道者，便与一般的菩萨不一样，未必要求早得一生补处，也未必要求早得成佛，那就与普贤菩萨的行愿相同，普贤菩萨在《华严经·普贤行愿品》共立十大愿，愿愿都说：“如是虚空界尽，众生界尽，众生业尽，众生烦恼尽，我赞乃尽，而虚空界乃至烦恼无有尽故，我此赞叹无有穷尽，念念相续，无有间断，身、语、意业，无有疲厌。”由此可知，往生极乐世界的众生之中，一生补处的大菩萨数量极多，能如普贤菩萨那样发大弘誓，愿待一切众生度尽之后，方登一生补处位的大菩萨，数量也多。

23. 设我得佛，国中菩萨，承佛神力供养诸佛，一食之顷不能遍至无量无数亿那由他诸佛国者，不取正觉。

此为“供养诸佛愿”。往生彼国之后的菩萨大众，都能承受阿弥陀佛的威神之力，于一顷饭食的时间之内，即能遍至十方无量诸佛国土，供养诸佛。《阿弥陀经》也说：“其国众生，常以清旦，各以衣裓，盛众妙华，供养他方十万亿佛，即以食时，还到本国，饭食经行。”由于这种信仰，迄至今日的佛教寺院，尚有朝食之前朝供养，中餐之前的午供养，唱诵观想，供养十方诸佛菩萨乃至一切众生；凡有佛事仪式，也必准备香花、灯烛、果品、饮食等供品，供养十方三宝。

若已往生极乐世界的菩萨大众，就不至仅以唱诵观想，乃是真的遍往十方佛国供养了。

24. 设我得佛，国中菩萨，在诸佛前，现其德本，诸所求欲供养之具，若不如意者，不取正觉。

此为“供具如意愿”。此在梵文本的内容，相当详细，是说极乐世界的菩萨们，为了向诸佛种植他们的诸种善根，所以起念现出种种供具，有黄金、银、摩尼、真珠、琉璃、贝、石、珊瑚、水晶、牟娑罗宝、赤真珠等其他众宝，或现出熏香、华鬘、涂香、烧香、抹香、衣服、伞、幢、灯，或现出舞伎、咏歌、音乐等，凡心中想到的，必能随念办到。

25. 设我得佛，国中菩萨，不能演说一切智者，不取正觉。

此为“说一切智愿”，此愿又名说一切智如佛愿、说法如佛愿。依《俱舍论》所言，一切智即是佛智，依

《大智度论》所言，共有三智：1. 声闻、缘觉得一切智，2. 菩萨得道种智，3. 佛得一切种智。然依本经此愿的梵文内容而言，称为“一切智性”，乃是佛智；换言之，极乐国土的菩萨们，都能以佛智来演说法要。

26. 设我得佛，国中菩萨，不得金刚那罗延身者，不取正觉。

此为“那罗延身愿”，又称那罗延力愿，或令得坚固身愿。那罗延是一种大力天神的名称，梵文 nārāyaṇa，译为坚固力士、金刚力士，常以之譬喻佛及菩萨的威神勇猛、坚固大力。也就是说，莲花化生的彼国众生，身形都很高大而坚固有力，不像人间的身体，羸弱多病，无威神相。

27. 设我得佛，国中人天，一切万物，严净光丽，形色殊特，穷微极妙，无能称量，其诸众生，乃至逮得天眼，有能明了，辨其名数者，不取正觉。

此为“令物严净愿”。净土之中，不仅众生的身心庄严清净，就是所有一切万物，也都庄严清净，并且光丽、殊胜，微妙的程度，纵然以彼土众生的天眼来看，也无法称量，无能识名、无能算数。

28. 设我得佛，国中菩萨，乃至少功德者，不能知见其道场树，无量光色，高四百万里者，不取正觉。

此为“见道场树愿”。道场树是指佛在此树之下成道，又名菩提树。释尊是在毕钵罗树下成道，不过数十丈高，将来弥勒佛则会在龙华树下三会说法，这也是道场树。阿弥陀佛的道场树，固然庄严高大，其国菩萨亦能各自预知、预见其庄严高大的道场树，有无量光明，无量颜色，高达四百万里；梵文本说，此种树的高度是千六百由旬。

29. 设我得佛，国中菩萨，若受读经法，讽诵持说，而不得辩才智慧者，不取正觉。

此为“得辩才智愿”。辩才智慧，又名四无碍解、四无碍智、四无碍辩，是佛菩萨的说法智慧，共有四种：1. 于教法无滞者为法无碍；2. 于教法所诠释的义理无滞者为义无碍；3. 于诸方的语言辞句通达无滞者为辞（词）无碍；4. 以上面三种无碍智慧，为众生乐说经法自在无滞者为乐说无碍。此处是说，彼国众生都能具备四无碍辩的智慧，为众生自在说法，了无滞碍。

30. 设我得佛，国中菩萨，智慧辩才，若可限量者，不取正觉。

此为“辩智无穷愿”。辩才智慧，不可限量，既是无碍，当亦无限。

31. 设我得佛，国土清净，皆悉照见十方一切无量无数不可思议诸佛世界，犹如明镜，睹其面像，若不尔者，不取正觉。

此为“国土清净愿”。其国土清净，犹如明镜，能够遍照十方一切诸佛世界，如于镜中，自睹面像。也就是说，能以极乐世界，反映出一切佛国净土。

> 32. 设我得佛，自地以上，至于虚空，宫殿楼观，池流华树，国土所有一切万物，皆以无量杂宝，百千种香，而共合成，严饰奇妙，超诸人天。其香普熏十方世界，菩萨闻者，皆修佛行，若不尔者，不取正觉。

此为“国土严饰愿”。此在《阿弥陀经》及本《无量寿经》中，另有更为详细的文字描述介绍。

> 33. 设我得佛，十方无量不可思议诸佛世界众生之类，蒙我光明，触其体者，身心柔软，超过人天，若不尔者，不取正觉。

此为“触光柔软愿”。阿弥陀佛号称无量光佛，不是世间所见由物质放射出来的电光、日光、月光、火光、烛光、荧光等有形有相的东西，而是佛的智慧光、慈悲光，乃是无形而有力的东西。众生接触到了之时，身的行为不再粗硬刚暴，心理的行为也会调柔平安，不仅对活着的人有用，对于亡者也有用。我们法鼓山所推动的临终关怀，为刚往生者助念阿弥陀佛圣号，经常发现亡者的遗容，会由死灰色的恐惧痛苦相，转变成红润的安宁微笑相。

34. 设我得佛，十方无量不可思议诸佛世界众生之类，闻我名字，不得菩萨无生法忍、诸深总持者，不取正觉。

此为“闻名得忍愿”。忍的意思是，心得安稳，不被任何事物所动。得“无生法忍”的菩萨，不会在任何事物现象上生起烦恼执着，那是初地以上的圣者所证境界。往生彼国的众生，固然能得不退转位，乃至一生补处位，即使未生彼国，而是住于任何一佛世界的所有众生，凡能耳闻无量寿佛名号者，也都保证位登无生法忍的菩萨果位，并得一切深总持门。“总持”是梵文dhāraṇī（陀罗尼）之译，持一切善而不失，除一切恶而不起，谓之总持。

35. 设我得佛，十方无量不可思议诸佛世界，其有女人，闻我名字，欢喜信乐，发菩提心，厌恶女身，寿终之后，复为女像者，不取正觉。

此为“不复女像愿”。近代有女性主义者，见到此愿愿文，认为佛教歧视女性，轻贱女人身相，其实未必正确。此乃出于女身柔弱，容易遭受凌辱，多需男性保护，妇科的疾病也多，除了杰出的女中丈夫，多数女性往往也自甘雌伏；故在佛世的印度社会，女性处于弱势，但在印度的宗教信仰之中，又将女神的地位强化，走向现实与信仰的两极。

佛教原则上认为男女两性是平等的，都能证阿罗汉的解脱圣果，都能成为伟大的菩萨；然而在成佛之时，乃是以三十二相的大丈夫身成等正觉，三十二相中的马阴藏相，虽具男性的器官，却不露于形体之外。至于在诸佛国土，除了东方阿閦佛国尚有男女同处，其余诸佛净土的众生，既无男相，亦无女相，乃是中性；都从莲花化生，既无男女的欲觉、欲想、欲事，当然也没有男女身相的差别了。

此处所言是，“其有女人”、“厌恶女身”者，闻无量寿佛名号，信乐而发菩提心，便能永不“复为女像”。也就是说，愿生西方极乐净土，并且自己厌恶女身者，便不再为女身；如果虽生极乐世界，并不厌恶女身，甚至发起本愿，还入三界，以种种身相广度众生者，当不在此例，犹如观音、地藏等大士菩萨，也常示现各种女人身相。

36. 设我得佛，十方无量不可思议诸佛世界，诸菩萨众，闻我名字，寿终之后，常修梵行，至成佛道，若不尔者，不取正觉。

此为“常修梵行愿”。凡是已闻无量寿佛名号的发心菩萨，命终之后，已生佛国，自然而然常修梵行，直至成佛，不再有男女间的性行为。“梵行”是梵天的清净断欲行，梵文 brahma-caryā，永断男女淫欲行为，如三果圣人所居五不还天的人天一样。五不还天，又名五净居天，即是无烦天、无热天、善现天、善见天、色究竟天，都是梵行天。

人间众生，唯有出家沙门，严持净戒，称为修梵行者。欲得上辈往生极乐世界，第一个条件，便是“舍家弃欲而作沙门”，也就是说，若不修梵行，便与上辈往生无缘。

37. 设我得佛，十方无量不可思议诸佛世界，诸天人民，闻我名字，五体投地，稽首作礼，欢喜信乐，修菩萨行。诸天世人，莫不致敬，若不尔者，不取正觉。

此为“人天致敬愿”。此愿有两个重点：1. 诸天人民，闻无量寿佛名号，便能礼敬信乐，修菩萨行。2. 诸天世人，闻无量寿佛名号，莫不致敬。在中国民间的确是如此，不论信不信佛教，凡是听闻或眼见阿弥陀佛名号者，无不起敬。尤其信了佛教的人，都会五体投地，敬礼阿弥陀佛，五体投地是头面、两肘、两膝全身着地的最敬大礼。

38. 设我得佛，国中人天，欲得衣服，随念即至，如佛所赞，应法妙服，自然在身，若有裁缝染治浣濯者，不取正觉。

此为“衣服随念愿”。欲界人天，都有思食得食、思衣得衣的福报，何况是极乐世界的众生。极乐世界众生的衣服，不但天衣无缝，也不用染，更不必洗、不必熨，随心所欲，随念变化，细致、柔软、美妙，非人间可比，亦非欲界人天所着者可比。

39. 设我得佛，国中人天，所受快乐，不如漏尽比丘者，不取正觉。

此为“乐如漏尽愿”。“漏尽”是烦恼断尽，功德法财不再漏失，有漏、有为、有染诸法全部灭除，这在小乘是阿罗汉位，大乘是八地菩萨。此处是说，生到彼国的众生，所受离苦解脱之乐，犹如漏尽阿罗汉，罗汉已经断诸烦恼，必现比丘相，故称漏尽比丘；但往生彼国的人天众生，未必定要现比丘相。

40. 设我得佛，国中菩萨，随意欲见十方无量严净佛土，应时如愿，于宝树中，皆悉照见，犹如明镜，睹其面像，若不尔者，不取正觉。

此为“树中普见佛土愿”。与第三十一愿类似，唯此愿是从彼国宝树中照见。《阿弥陀经》有云：“七重行树，皆是四宝，周匝围绕。”本《无量寿经》云：“又其国土，七宝诸树，周满世界，金树、银树、琉璃树、玻璃树、珊瑚树、玛瑙树、砗磲树，或有二宝、三宝，乃至七宝，转共合成。”此愿是说，彼国每一棵宝树之中，都能照见十方无量严净佛土。西方极乐世界的众多宝物，虽以地球世界人类所知者命名，看来似与人间的宝库所藏相同，实则是仅用人间熟悉的物名，未必等同人间所见的物品，宜在象征的意义，不在物品的同异。

41. 设我得佛，他方国土，诸菩萨众，闻我名字，至于得佛，诸根缺陋，不具足者，不取正觉。

此为“诸根具足愿”。“诸根”是指人类身体的六种器官，又称为六根，便是眼、耳、鼻、舌、身、意。人间有人生而残缺，有人由于灾祸病伤而失去一根乃至数根的功能，有的生而丑陋，有的由于灾祸病伤而毁失端正的容貌。若能闻得无量寿佛名号，一者生于西方彼国，官能面貌，永远具足；二者现生已经残缺，也能恢复改善。这是很有可能的，若以信心诚心念佛，必有奇迹出现，而且相随心转，心中有佛，诸根愉悦。

42. 设我得佛，他方国土，诸菩萨众，闻我名字，皆悉逮得清净解脱三昧，住是三昧，一发意顷，供养无量不可思议诸佛世尊，而不失定意，若不尔者，不取正觉。

此为“住定供佛愿”。“三昧”梵文 samādhi 即是定，此愿的“清净解脱三昧”，梵文本作“普至定”。意谓若闻阿弥陀佛名字，便得如是深定；住于定中，不失定意，只要一发心意，立即便能供养无量诸佛。

43. 设我得佛，他方国土，诸菩萨众，闻我名字，寿终之后，生尊贵家，若不尔者，不取正觉。

此为“生尊贵家愿”。依据梵文本的此愿，是说：

“若余诸佛国诸菩萨众，闻我名号，以此所具善根，达于至觉（成佛），皆得生于尊贵之家。”所谓尊贵之家，应指国王、大臣、宰官的宫廷府邸。例如法藏比丘，即为国王出家，释迦世尊也是王子出家，都是生于尊贵之家而舍弃尊荣，出家修行的好例子。

> 44. 设我得佛，他方国土，诸菩萨众，闻我名字，欢喜踊跃，修菩萨行，具足德本，若不尔者，不取正觉。

此为“具足德本愿”。在梵文本的“具足德本”是作“俱行善根”，意思是说，他方诸菩萨众，闻阿弥陀佛名字，便能欢喜地修行菩萨行，成熟诸善根。

> 45. 设我得佛，他方国土，诸菩萨众，闻我名字，皆悉逮得普等三昧，住是三昧，至于成佛，常见无量不可思议一切如来，若不尔者，不取正觉。

此为“住定见佛愿”，与第四十二愿的“住定供佛”，有类似处。此愿的“普等三昧”，梵文本称为“善分别语定”，而且不是住于定中见无量数佛，乃为“诸菩萨住于定中，于一刹那言说间，供养无量无数不可思议不可称不可量诸佛”。

46. 设我得佛，国中菩萨，随其志愿，所欲闻法，自然得闻，若不尔者，不取正觉。

此为“随意闻法愿”。生于极乐世界的菩萨大众，随其心愿所喜，随时随地都可闻得他们想闻的佛法。因为《阿弥陀经》有云，极乐国中的“种种奇妙杂色之鸟”都在“演畅五根、五力、七菩提分、八圣道分”，乃至“微风吹动，诸宝行树，及宝罗网，出微妙音，……闻是音者，自然皆生念佛、念法、念僧之心”。《无量寿经》也说：“自然德风，徐起微动，……吹诸罗网及众宝树，演发无量微妙法音。”可见彼国众生，随时、随处、随物，均有随意闻法的福报。

47. 设我得佛，他方国土，诸菩萨众，闻我名字，不即得至不退转者，不取正觉。

此为“闻名不退愿”。他方世界的诸菩萨众，若闻弥陀名号，立即获得不退转位。

48. 设我得佛，他方国土，诸菩萨众，闻我名字，不即得至第一、第二、第三法忍，于诸佛法，不能即得不退转者，不取正觉。

此为“得三法忍愿”。他方世界的诸菩萨众，只要一闻阿弥陀佛的名号，立即能得一、二、三法忍。

何谓三法忍？《无量寿经》有云：“又无量寿佛，其道场树，高四百万里，其本周围五千由旬，枝叶四布二十万里，一切众宝，自然合成……若彼国人天，见此树者，得三法忍：一者音响忍，二者柔顺忍，三者无生法忍。”“闻其（树）音者，得深法忍，住不退转，至成佛道；……目睹其色、鼻知其香、舌尝其味、身触其光，心以法缘，皆得甚深法忍，住不退转，至成佛道。”

依据隋代净影寺慧远的《无量寿经义疏》卷下，解释此三法忍的意思说："慧心安法，名之为忍。忍随浅深差别为三，次列三名：寻声悟解，知声如响，名音响忍，三地已还；舍诠趣实，名柔顺忍，四、五、六地；证实离相，名无生忍，七地已上。"意思是说：已得无我的慧心，便安住于真实法，名为忍，共分深浅三种：1. 三地以前的菩萨，寻法音而悟者，名音响忍；2. 四、五、六地的菩萨，已能舍去义解诠释而直悟实相者，名柔顺忍；3. 七地以上的菩萨，已证实相离相，名无生法忍。无生法忍的程度，有说是初地以上，此说是七地以上。

也有人依《仁王般若经》的伏忍、信忍、顺忍、无生忍、寂灭忍的五忍，来配本经的一、二、三忍，这却未必正确。因此，唐朝的璟兴所撰《无量寿经连义述文赞》卷二，依《瑜伽师地论》卷四十七的下、中、上三忍之说，而对不同的看法有所指正：1. 对于慧远所说，不以为然，因为初地以上，皆已证入实相，应该不再有寻声趣实之异。2. 对于配合《仁王般若经》五忍说的地前三贤及十地，而释三忍，因为伏忍是地前三贤位，尚未入初、二、三地，本经音响忍是三地已还，故也未妥当。

以璟兴的看法，本经所说三忍，都是初地以上菩萨，故云："今即寻树音声，从风而有，有而非实故，得音响忍；柔者无乖角义，顺者不违空义，悟境无性，不违于有而顺空故，云柔顺忍；观于诸法生，绝四句故，云无生忍。"依本经卷下的经文所说，则云："其钝根者，成就二忍，其利根者，得不可计无生法忍。"

四十八愿愿文，略解如上，所引梵文资料，系参考《望月佛教大辞典》四十八愿条的介绍。

纵览四十八愿的内容，重点约有八项：

（一）庄严佛土成熟众生。

（二）本愿弘深悲智无量。

（三）无一众生不得度脱。

（四）无一众生不成正觉。

（五）信、愿、念佛具德，往生彼国。

（六）闻名发心皆得不退。

（七）三辈、三聚、三忍全收，凡圣因果。

（八）以有境有物为接引方便，以无生无性为究竟归趣。

依愿修行

建此愿已，一向专志，庄严妙土。所修佛国，开廓广大，超胜独妙，建立常然，无衰无变。于不可思议兆载永劫，积殖菩萨无量德行。不生欲觉、瞋觉、害觉。不起欲想、瞋想、害想，不著色、声、香、味、触之法。

这段经文，是叙述法藏比丘已经发了四十八愿，依愿而修，所以叫作“建愿”。“一向专志，庄严妙土”，是心无旁骛地依愿修行，以此修行功德来庄严佛国净土。

“所修佛国”，是指法藏比丘依愿所建立的安乐国土，在那个国土中的环境，“开廓广大”，无有边涯，处处都是黄金为地，样样都是七宝所成，不论动物、植物，一切景物，都在念佛、念法、念僧，所以称为“超胜独妙”。我们这个世间经常是变化不定、盛衰无常的，所以不可靠，而极乐世界永远是常住自然的。

“不可思议兆载永劫”，是指世自在王佛的国土有四十二劫的寿命，而阿弥陀佛的极乐世界从建立成功到现在已经十劫，将来还有不可思议兆载永劫，继续积植菩萨的无量德行。这是阿弥陀佛自己修行无量菩萨行，为了建设这样的世界，也为生到安乐国土的所有众生，提供这样一个环境，让他们也来积植无量的德行，修菩萨行，便没有什么烦恼会障碍他们了。

“不生欲觉、瞋觉、害觉”的“觉”字，旧译为觉观，新译为寻伺，梵文 vitarka，有两种意思：1. 悟道，2. 妄心；此处是指第二种。《成实论 · 觉观品》云：“若心散行，数数起生，是名为觉。又散心中，亦有粗细，粗名为觉。……又散乱心，名为觉观。”由此可知，散乱心与欲、瞋、害相应，名为欲觉、瞋觉、害觉。《杂阿含经》卷十六也说：“告诸比丘，汝等莫起贪觉觉，莫起恚觉觉，莫起害觉觉。……当起苦圣谛觉、苦集圣谛觉、苦灭圣谛觉、苦灭道迹圣谛觉。……正智正觉，向于涅槃。”

“不起欲想、瞋想、害想”的“想”字，是五蕴之一、十大地法之一，也是五遍行之一，于“受”之后，对境而取差别相。《入阿毘达磨论》卷上有云：“于青黄长短等色……男女等法相名义中，假合而解。……名为想。”它是“为寻伺因，故名为想”；若随所依六根的触受而起差别相，名为六想身。

依据唐朝璟兴所撰《无量寿经连义述文赞》卷中，对此三觉、三想的解释为：“不生欲、嗔、害觉……觉者，寻也。……取境分齐，方生欲等故。”“不贪名利故不生欲觉，不恼众生故不生嗔觉，不损物命故不生害觉。三觉不生，必绝三想，故亦兼之。内因既离，外缘斯止，故云不著色等。”

以此可知，觉是触受六尘的因相，想是触受六尘的果相，因果分明而又俱起。欲、瞋、害的三个项目，是凡夫众生经常有的烦恼相，初基于自私自利，其结果却是自害害他。圣者菩萨，由于积植无量德行，身处佛国净土，烦恼自然不起。

“不著色、声、香、味、触、法”，不著就是不执着，就是《金刚经》所讲的心无所住的意思。

色、声、香、味、触、法是六尘，六尘对眼、耳、鼻、舌、身、意六根，根尘相触，产生心理现象，叫作眼、耳、鼻、舌、身、意的六识。如果六识不依六根而执着六尘，世间便不会有欲觉、瞋觉、害觉，也没有欲想、瞋想、害想。如果面对六尘世界，内心不会产生喜欢、讨厌或欣求的心理反应，便是不执着。

能够做到不执着六尘境，就和经文中所说的「不生欲觉、瞋觉、害觉。不起欲想、瞋想、害想」，是完全相应的。

> 忍力成就，不计众苦，少欲知足。无染恚痴，三昧常寂，智慧无碍。无有虚伪谄曲之心，和颜软语，先意承问。勇猛精进，志愿无倦，专求清白之法，以慧利群生；恭敬三宝，奉事师长，以大庄严，具足众行。

难忍能忍，就不会计较受任何的苦，少欲知足，就不会有欲染、瞋恚、愚痴；所谓“染恚痴”，就是贪、瞋、痴，就是三毒。

“三昧常寂”，就是经常住于三昧之中；三昧的意思是即定即慧，以无私无我的心，修成任何一种法门，都叫作三昧；常寂的意思就是心中烦恼不生不灭。

“智慧无碍”，是指烦恼不能障碍自己，那是由于智慧洞烛而任运无碍。

“无有虚伪谄曲之心”，是因到了无欲无求程度的人，不会有虚伪心，不会有谄媚心，不会有扭曲的心。

“和颜软语”，是任何人都喜欢接受的，软语就是要讲安慰、勉励、赞美、尊重人的话，使人听了有如沐春风的感觉。

“先意承问”，是主动先向人问好，以对方的意见为意见，以对方的想法为想法，以对方的希望为希望来慰问；四摄法的布施、爱语、利行、同事，都是以先顺着对方的意思来切入，然后再来转变他，让他接受佛法的利益，让他感觉到很高兴。

“勇猛精进，志愿无倦”，就是照着他法藏比丘自己所发的大愿，持续不懈地精进修行，而不厌倦。

“专求清白之法”，就是专修清净的佛法，包括四圣谛、八正道、三无漏学、六度、四摄等正法，清白之法也就是用正信、正确的佛法，嘉惠利益众生。

奉行佛法的法藏比丘，当然也要恭敬三宝，奉事师长，以大悲行来庄严自己。

具足一切修行法门，就是具足菩萨的千行万行。我们法鼓山称呼发心的义工群为“万行菩萨”，就是希望大家都发愿要广修六度、具足万行的意思。

令诸众生，功德成就，住空、无相、无愿之法，无作、无起，观法如化。

法藏比丘发愿之后，一面建立他自己的无上功德，同时也使得所有一切众生，功德成就，修满六度万行，解脱生死，乃至成佛。

空、无相、无愿的三三昧，亦名三解脱门。能够实证“空”性，就能解脱烦恼，出生死海。能够实证“无相”，就能解脱生死烦恼之苦。“无愿”则是已经不用发阿耨多罗三藐三菩提愿，却又任运自然，不离无上菩提的弘愿之力；也就是说，已得大解脱的诸大菩萨，已经发过无数弘愿，而且已与弘愿化合为一，自然实行，却不必再作意发愿。

实证三解脱门的人，便能具足“无作、无起”的功德。“无作”，是不假造作，又名无为；具缚凡夫，因有执着，所以都是有作有为，解脱的圣者，一切是自自然然，如法修行，而无执着，是故名为无作无为；因此，称为无作解脱门，亦即是三三昧解脱门中的无愿解脱门。

至于“无起”，是三解脱门的结果，乃是“无生”之意，因果无起，即名无生。亦名无记、无生法忍、无记法忍。慧远所著《无量寿经义疏》有云：“无因可生，名云无起，故《维摩》云：虽行无起而起善行。故知无起约因以说。”根据《大智度论》卷五十云：“无生法忍者，于无生灭诸法实相中，信受通达，无碍不退。”同书卷八十六云：“乃至作佛，常不生恶心，是故名无生忍。”至于何种程度得证无生法忍呢？《大乘义章》卷十二云：“如龙树说，初地已上亦得无生，若依《仁王》及与《地经》，无生在于七八九地。”天台智𫖮《观无量寿佛经疏》则云：“无生忍是初住初地。”以此可知，依三解脱门而证无生法忍，至少是初地以上的圣位菩萨，也就是已证一分法身理体的法身大士了。

至于“观法如化”的意思是说，已证无生法忍的圣者，以无我、无相、无着的空慧，观照一切诸法现象，无非如幻如化，是依一切众生的业力果报化现，也是由诸佛菩萨的愿力神通化现，无有一法是真实不变的。

远离粗言，自害害彼，彼此俱害。修习善语，自利利人，彼我兼利。

这是用语言所作的修行。我们通常把出言不逊，叫作造口业，其实造口业有善、不善之别，善的口业造了以后可以往生西方净土，恶的口业造了以后，就要受三恶道的果报。

“粗言”就是跟威仪不相应的粗俗语、流俗语、低俗语。低俗语，就是听起来好像没有受过教养、没有品德的人讲的话。流俗语则是一种俏皮的流行话，有的是从外国传进来的，有的是本土新流行的，电视上、广播中，以及娱乐的文宣中，都可以听到这些时髦而不是雅俗共赏的流行语。粗俗语是讲脏话、臭话、讽刺话、谩骂的话。这三种俗语，我们都要尽量避免。

“自害害彼”的意思是，对自己不利对他人有害，譬如恶言骂人，用粗鲁话伤人，其实在损伤他人的同时，也有损自己的品德；而且你骂了别人，人家也会回骂你，可能还加倍奉还，所以是“彼此俱害”。释迦牟尼佛曾经对骂人者有两个比喻：一是如仰面对天吐唾，结果掉下来，自污其面。二是像逆着风扫地，扬起的灰尘，会飞回自己的身上。相反地，若是“修习善语，自利利人”，用勉励的、鼓励的、安慰的、赞美的、恭敬的语言，不仅对他人有益，也对自己有利。

佛经里有一则故事：有两个人各自赶着一头牛，拉着车子上坡，其中一人对他的牛是诃斥、谩骂、侮辱、恐吓说：“你这条死牛、笨牛、懒牛，赶快努力啊！再不拉上坡去，我就要揍你了，再不努力的话，我就要杀掉你了。”这头牛听了以后觉得，反正已被贴了标签，又笨又懒，而且弄不好就要被杀、被打，因此想要用力也使不出劲来，结果这头牛就干脆跪下来不拉车了。另外一人，对他的牛讲的是好话：“你是头乖牛、好牛、大力牛，你是我的心肝宝贝，你已帮了我好多忙，你一定可以拉得上去的，我相信你一定可以；我现在也帮你的忙，我们两个一起共同努力。”他把牛当成自己的朋友来看，所以他的车子很快就被拉上了坡。

在佛经中这则故事，对牛尚且应该用善语、爱语、勉励语、恭敬语，何况是对人呢？这就是“敬人者人恒敬之，爱人者人恒爱之”的道理。就算是对天天见面的先生、太太、孩子、同事、属下，也都应该用敬语，如果随便惯了，叫丈夫为“我家的死鬼”，叫小孩子为“我家的小鬼”，称太太是“我家的黄脸婆”，当然不好了。

> 弃国捐王，绝去财色，自行六波罗蜜，教人令行。无央数劫，积功累德。随其生处，在意所欲。无量宝藏，自然发应。

这是法藏比丘在发了四十八愿之后所作的修行。他于身为国君之时，能够舍弃自己的国家、王位，以及所有的财物，包括男女爱欲，全部放下，然后才能以清净的身、口、意三业，修持六波罗蜜，而登彼岸。六波罗蜜就是六度，那就是布施、持戒、忍辱、精进、禅定、智慧。

他不但自己修六波罗蜜，同时也教导他人一同修行六波罗蜜，经过很长很长的时间，累积了相当多的功德。因此不管他生在哪一个地方，都能够如意自在，都能自然拥有无量宝藏，随意所欲，应其所需，用以上供三宝，成就道场、成就众生，而他的所需，不是为自己，是为众生。

教化安立无数众生，住于无上正真之道。

“教化”是以佛法教导感化众生，去恶向善，《法华经·方便品》有“诸佛如来，但教化菩萨”之句。用佛法来教导、净化众生心身语言的行为，使得众生能够感到有安全保障，心中不会惶恐、忧愁、无奈，那就叫作“安立”，最后都能成佛。《胜鬘宝窟》卷上末云：“始建曰安，终成为立。”要让无数众生安立于无上的正真之道，就是希望众生都能发无上菩提心，然后安住于正真的佛道。

我经常都是这么说：“人不能没有大悲愿心。”用现代语言来讲就是人应该有一个生命的大方向，这个方向就是将来一定要成佛，也就是发无上菩提心，也唯有如此，才能够安住于无上正真之道；否则随时可能改变自己的信仰，也会改变自己的人生方向。

“正真之道”是对相似佛法及伪冒的佛道而言。诸位来听经闻法，虽然所学的是正真之道，但如果发心不正确，不是为求正真的佛道而来，也没有菩提心的话，一旦遇到外在的因缘诱惑，或者有人给你打击、造谣、刺激，这时候你可能会说：“我信其他的宗教，也许不会这么痛苦，我还是离开吧！”这就是没有接受正法的教化，不能安立，也不能住于无上正等正觉之道。

> 或为长者居士，豪姓尊贵，或为刹利国君，转轮圣帝，或为六欲天主，乃至梵王。常以四事，供养恭敬一切诸佛，如是功德不可称说。

法藏比丘发了四十八个大愿之后，为了成就无上菩提，为了成就他的四十八愿，为了严土熟生，所以在他的修行过程中，不完全是做出家人，有时候是做长者居士、豪姓尊贵等各种人，或各种天神。这与观音、地藏等诸大菩萨，以各种身相化度众生相同。

长者居士也就是仕绅贤达，依《法华文句》卷五，“长者”有三种：1. 世间长者，姓贵、位高、大富、威猛、智深、年耆、行净、礼备、上叹、下归。2. 出世长者，佛从三世真如实际中生，功成道着，十号具足，乃名出世佛大长者。3. 观心长者，观心之智从实相出，三惑不起，虽未发真，是着如来衣，称寂灭忍，名为观心长者。此处经文是指第一种的世间长者。

“居士”的梵文 gṛha-pati，音译迦罗越，是指居财之士、居家之士、居家修学佛道之士。慧远的《维摩义记》卷一云：“居士有二，一广积资产，居财之士名为居士；二在家修道，居家道士，名为居士。”然于《十诵律》卷六云：“居士者，除王、王臣，及婆罗门种，余在家白衣，是名居士使者。”在中国佛教，泛指在家佛子称为居士，例如白居易为香山居士，苏轼为东坡居士。

“豪姓”就是豪门大姓，凡是有钱、有势、有地位的家族出身者，就是豪姓。“尊贵”是指在古印度阶级中的婆罗门、刹帝利、转轮圣帝，这些身为宗教师、国王、大臣的人，是世间极尊贵者。古印度实行种姓制度，分成四大阶级：第一阶级是婆罗门，是为宗教师；第二阶级是刹帝利，是做国王、大臣、官吏；第三阶级是吠舍，是工、商、农；第四阶级是首陀罗，是奴隶，社会阶级最低。这里所指的宗教祭司阶级、国王、转轮圣王，都是世间的豪姓尊贵。

“转轮圣帝”亦名转轮圣王，以轮宝为兵器，飞行空中，降伏四方。轮王又有金、银、铜、铁四等，分别统治须弥山四周的四大部洲、三洲、二洲、一洲，是万国国君的王中之王。

“六欲天主”，是指欲界中有六个层次的天主。佛经里将众生所居之处分为三阶，称为三界：欲界、色界、无色界。欲界的天、人、阿修罗、畜生、饿鬼、地狱，共称六道，欲界天属六道的最上一层。欲界天之中也分成六个层次：四天王天、忉利天、夜摩天、兜率天、乐变化天、他化自在天。向上尚有色界十八天、无色界天的四个层次。欲界天是以五欲的享受为主，并以五欲享受的多少，以及五欲享受的时间长短而区隔成六个层次，每一个天都有天主。到了色界以上，则是以禅定程度的深浅来区别。

“梵王”又名大梵天王，是色界初禅天的天主，又以大梵天王，通名色界十八天的天主。他自称是宇宙的创造主，有点像是天主教的天主；印顺法师在他的著作中，也这么认为。

发了四十八愿以后的法藏比丘，除了不断以种种身分来修行菩萨道之外，还常以“四事”恭敬供养一切诸佛，如是的功德不可称说。四事有两类：1. 衣服、饮食、卧具、医药；2. 房舍、衣服、饮食、汤药，这是对比丘、比丘尼众的四事供养，甚至包括一切吃的、用的、观赏的，不管是什么，凡是人间需要的、人间喜欢的，都拿来供养诸佛。

供养的意思有两层：一种就是要有能舍、喜舍的心，以此积功累德；第二种则是对于尊贵的人，特别是对三宝的见贤思齐，在供养清净僧众，以及诸佛菩萨的时候，希望自己也能够学习着怎样度众生，怎么修菩萨行。供养不仅仅是只对一尊佛，而要平等供养、永远供养一切诸佛，故其功德之大，不可以言词称说。诸佛未必需要众生供养，众生修行则必须供养诸佛。

我在年轻时很少人供养我，却有我的长辈长老法师给我生活用物；现在我老了，就有很多人透过我而供养三宝，我就把这些财物用来培养后进，弘化利生。所以恭敬供养诸佛，实际上就是为了弘扬佛法、利益众生。

所以供养诸佛的功德，也有两种：一是对诸佛表敬，二是透过诸佛而利益一切众生，因此要说：“如是功德不可称说。”

口气香洁，如优钵罗华。身诸毛孔，出栴檀香，其香普熏无量世界。容色端正，相好殊妙，其手常出无尽之宝，衣服饮食，珍妙华香，缯盖幢幡，庄严之具。如是等事，超诸人天。于一切法，而得自在。

因为法藏比丘修了以上的功德，所以得到如此的果报。这里讲的果报，都是种种庄严福德之相。

“口气香洁，如优钵罗华”，凡夫的口气，若不经常漱口，或者有了疾病之时，胃闷肠热、舌苔厚积，或者牙齿不洁，总会有臭味随着呼吸吐出；但大修行者，口中常出香气，牙齿常保洁净，且如优钵罗华（花）一般，此花译为青莲花，又为红莲花。但在《大日经疏》卷十五云：“优钵罗，亦有赤白二色，又有不赤不白者。”此花有淡雅的清香飘逸。

“身诸毛孔，出栴檀香”，凡夫的全身毛孔，都会排泄汗液，有腥臭味；大修行人的毛孔，出有栴檀香味，有很多高僧们，都有这种庄严相。记得我在大陆的时候，上海有一位兴慈老法师，他天天礼佛、四季不洗澡、很少换衣服，但是身上没有汗臭味，不会让人家感觉到他身上不干净。另外还有弘一大师，他的房间里，从来不烧香，可是进入他的房间，可以闻到一股幽幽的檀香味。不过法藏比丘的这种香气，能够“普熏无量世界”，这又不是一般高僧的境界了。

“容色端正，相好殊妙”，是说他的面容像满月，看到他的面容具有庄严相、福德相、智慧相、慈悲相，会让人五体投地，感觉好像见到了佛、见到了大菩萨那样的相好殊妙。面容有的是生得的，有的是修得的。生得的是指，生出来就具有堂堂的丈夫相，就有福德的智慧相。修得的是指，靠自己的修行而转变自己的相貌；一个有慈悲心、有智慧的人，他的相貌就会转成福德智慧相。故于《观无量寿经》有云：“心想佛时，是心即是三十二相，八十随形好。”

通常所说的“相好”，是指三十二大人相、八十种随形好，但在《观无量寿经》又云：“无量寿佛有八万四千相，一一相中各有八万四千随形好。”转轮王亦有三十二相，唯不具好。相为外形，所谓好，是依外形而表现的微妙庄严。《法界次第初门》卷下有云：“相总而好别，相若无好，则不圆满，轮王、释、梵，亦有相，以无好故，相不微妙。”释迦佛的应化身丈六金身，有三十二相、八十随形好；佛的真身（报身）千丈，具八万四千相乃至无量相好。

“其手常出无尽之宝”，手上可以要出现什么就出现什么，这叫作神足通，能够千变万化变现所有一切众生所需要的东西。请问大家能够做得到吗？事实上要看我们是不是愿意做，想不想做；如果不想做，不愿意做，这双手就是无能的手。如果想要做，愿意做，有这个愿心，就能使你的手变成宝手，不会的去学习，没有的去生产，那便能够要什么就有什么了。衣服是人做出来的，饮食是人调出来的，珍宝是人制造出来的，今天人类所用的物品，都是技术巧思生产的，只要多用头脑，就能化腐朽为神奇了。凡夫的双手未必万能，但也必有所能，若是不愿意做，便成无能。法藏比丘发愿修行到了这个程度，他的福德、他的智慧、他的能力，更有神妙不可思议的作用了。

法藏菩萨的双手，常出无量众宝，包括“衣服饮食，珍妙华香，缯盖幢幡，庄严之具”。其中的衣服及饮食是生活的必需品，可粗可细；其余精妙华丽的，则为供佛的庄严用品。“华香”是优钵罗华香、栴檀香，尚有种种上妙烧香、涂香、抹香。“缯盖”是以绢布制作的大盖，悬于佛菩萨头顶的上空以表庄严。“幢幡”是旌旗的一类，本来“幢”的梵文是 dhvaja，是突出于高竿头上，用种种丝帛下垂，建于佛前，用以彰制诸魔而外导群迷。“幡”的梵文是 patākā，是庄严诸佛威德的标帜，犹如大将之有旌旗，所以幡也是旌旗的总称；至于“幢幡”二字并用，是指于高竿之顶端安置珠宝，并以种种綵帛庄严，再以长帛下垂。此在敦煌壁画的诸种“经变”图中都有表现，中国的禅寺比较没有采用，密乘的寺院庄严，则是常见的法物。

“如是等事，超诸人天”，是说法藏菩萨用来供养诸佛的生活用品及庄严用品，其精妙的程度，纵然是诸天天帝所供，也比不上、办不到的。

“于一切法，而得自在”，法藏菩萨的智慧、福德、神通，广大无碍，所以可于诸法获得自在，这已是佛的境界了，例如《法华经·譬喻品》云：“我为法王，于法自在。”《维摩经·佛国品》云：“已于诸法得自在，是故稽首此法王。”唯有佛，始得被尊为法王，故此处所说的已是阿弥陀佛。

在“依愿修行”的经文之后，有一大段是介绍无量寿佛安乐世界的依正庄严，包括众宝所成的国土之中的种种植物、供具、观赏物、水流、气温、音响、歌伎、天人、菩萨、声闻的衣食住等的宝衣、玉食、宝宫，诸种宝光，诸种宝花，诸种芳香，诸种不可思议庄严，在此便从略不解说了。

众生皆住正定之聚

佛告阿难：其有众生，生彼国者，皆悉住于正定之聚。

此四句经文，是释迦世尊告知阿难尊者，凡是发愿往生到安乐国土的众生，都是住正定之聚的人。正定聚，是相对于邪聚及不定聚而言。

若以善根的有无深浅而论，一切众生，分为三聚：1. 决定证悟正道者为正定聚，2. 决定不悟正道者为邪聚，3. 缘在二者之间，随缘或悟者为不定聚。《俱舍论》卷十云："正邪不定聚，圣造无间余。"是说初果圣者以上为正定聚，造五无间地狱业者为邪聚，在此二者之间而修行七方便者为不定聚，这是小乘之说。大乘之三聚说，则有多种，如《大智度论》、《释摩诃衍论》等，各有不同的说法，若依《释摩诃衍论》所说是：十圣为正定聚，三贤为不定聚，其余凡夫为邪聚。依《阿弥陀经》说彼国众生，皆不退转，多是一生补处，故悉住于正定之聚。

为什么往生极乐世界的众生都住于正定之聚呢？我们这个世界的凡夫众生，心多散乱，向外攀缘，受环境的影响而起伏动摇，此所谓心随境转，不能自主。到了阿弥陀佛的安乐国土，一切设施，清净庄严，一切音声，念佛、法、僧，众生的心，宁静稳定，外在的环境、内在的心境，都与三十七道品相应，信愿具足，决定悟道，所以住于正定之聚。

> 所以者何？彼佛国中，无诸邪聚及不定之聚。十方恒沙，诸佛如来，皆共赞叹，无量寿佛威神功德，不可思议。诸有众生，闻其名号，信心欢喜，乃至一念，至心回向，愿生彼国，即得往生，住不退转。唯除五逆，诽谤正法。

在彼佛国中，没有邪聚及不定聚众生，也没有不发无上菩提心的众生；发愿度一切众生的大菩提心，乃是成佛的正因。

依据三聚差别，阿弥陀佛世界所住的众生，都是圣人众，没有凡夫众，所以《阿弥陀经》说他们为“诸佛之所护念”，《无量寿经》则云：“十方恒沙诸佛如来皆共赞叹。”

“威神功德，不可思议”是说阿弥陀佛的威神，以及功德之力，不是可以想象说明的。

“乃至一念，至心回向”是说，所有众生，听到无量寿佛的名号，就能够生起信心及欢喜心，乃至只要一念之间，至心回向，发愿往生彼佛国土，此人即得往生彼国。这样即可往生彼佛国土，的确非常容易，所以《十住毘婆沙论·易行品》称往生弥陀净土的法门为易行道。

“一念”可有二意：1. 散乱心的一念。2. 专注心的一念。若依“至心回向”而言，是指专注心的一念。“回向”者，回是回转，向是趣向，约有二义：1. 往相回向：以自己的功德，回施一切众生，共生安乐国土。2. 还相回向：往生彼土已，成就一切功德，还来回入生死稠林，教化一切众生，同生安乐国土。但在《大乘义章》卷九云："言回向者，回己善法，有所趣向。"此处经文的至心回向，即是将一切善法功德，回向自己愿生安乐国土之意。

往生彼国之后，即能住于不退转位，《阿弥陀经》也说："极乐国土，众生生者，皆是阿鞞跋致（不退转）。"不退转有两类四种：

（一）依天台宗言：

1. 位不退，别教初住至七住。

2. 行不退，别教八住至十回向终了。

3. 念不退，别教初地以上。

4. 依中国净土门的迦才大师，则另加处不退，是说往生极乐世界以后，便能不再退堕到秽土来了；若以菩萨愿力，还入娑婆，广度无量众生，增长无量福德、增长无量智慧，不能算是退堕秽土。

（二）若依法相宗，也立四不退：

1. 信不退，第六信位之后，不再退生邪见。

2. 位不退，第七位之后，不退入二乘。

3. 证不退，初地以上，不退所证法身。

4. 行不退，自八地以上，有为及无为之行，皆能修故。

阿弥陀佛净土三部经所称之不退转，宜采第一类的四种。

“唯除五逆，诽谤正法”。此在本经第十八愿中，已经提出一次。是说除了犯了五逆罪的人，以及诽谤正法的人之外，一切众生皆能往生西方极乐世界。

“五逆”罪是指杀父、杀母、杀阿罗汉、出佛身血、破和合僧（在僧团之中制造是非，破坏僧团，分裂僧团，把本来和合的僧团破坏、离间、分裂了）。这五项罪过相当地大，合称五逆罪。现代人处于佛世之后，无法出佛身血；这个世间谁是阿罗汉，大家并不知道，故也很难发生阿罗汉被杀的事；破和合僧，是指以羯磨法破和合僧，今世也很难有人犯此，倒是杀父、杀母，尚有可能犯。如果犯了这些罪，就不能够往生西方极乐世界，这一点，在《观无量寿经》里则已有补救。

“诽谤正法”是什么意思？正法是正知、正见、正信、正确的佛法，是以佛、法、僧三宝为其中心，以修持戒、定、慧三无漏学为其根本，以解脱贪、瞋、痴三毒，为出离生死苦海的条件。三无漏学之中，又以持戒为要，故常称“毘尼住世，正法得久住”。

正法中最基础的是因缘法和因果法。因缘法是在说明世间一切法都是无常的，都是无我的，究竟是空的，若能实证“空性”义，便出生死海。因果法是不论凡圣的，圣者以修行戒、定、慧为因，证得菩提道是果；凡夫若不修行，造作恶业是因，堕三恶道便是果。不过凡夫不明因果，甚至倒果为因，故在因果之中受苦受难。若信因果，经过累世累劫的修行，必定都能成佛。不信因缘及因果，便是邪见，而不知正法，甚至由于无知而诽谤正法，抨击、讽刺、破坏、损毁佛、法、僧三宝。凡是诽谤正法的人，根本不信佛法，当然也不会发愿往生西方安乐国土了。

三辈往生安乐国土

佛告阿难：十方世界诸天人民，其有至心愿生彼国，凡有三辈。

这一段经文，讲的是十方世界的诸天，以及所有的人民，虽其根性各有不同，如果他们能够以至诚恳切的心，相信有个无量寿佛的安乐世界，愿意临终往生彼国，则依他们各自的善根、福德、因缘，分成三个等级：上辈、中辈、下辈。

我们常听到的“九品莲花为父母”，是《观无量寿经》的记载，由于往生的人在生前所修福德、智慧的程度不一样，到了西方极乐世界，莲花化生的品位也不同，一共有九等。与此经对比，则上三品为上辈、中三品为中辈、下三品为下辈。

一、上辈往生

> 其上辈者，舍家弃欲而作沙门，发菩提心，一向专念无量寿佛，修诸功德，愿生彼国。此等众生，临寿终时，无量寿佛，与诸大众，现其人前；即随彼佛，往生其国，便于七宝华中自然化生，住不退转，智慧勇猛，神通自在。

这是能够生到上辈莲花中的五个条件：1. 舍家弃欲而作沙门，2. 发菩提心，3. 一向专念无量寿佛的名号，4. 修种种功德，5. 发愿愿生西方极乐世界。

“沙门”是梵文 śramaṇa，是息心、静志、净志、勤息的意思，泛指佛教及诸外道的出家人。“弃欲”是断除名、利、财、色等欲，要把俗情、俗物、俗事舍掉，才能出家为沙门。若没有出家而愿生彼国净土，只得中、下辈生。

“发菩提心”是非常重要的，若不发菩提心，便不能以上辈身分往生西方极乐世界；就是欲生中辈，都应该发菩提心，也就是必须发起大悲愿心，用佛法广结善缘，济度众生，愿一切众生都得诸佛护念，得生安乐国土。

“一向专念”意思是，不论在何时、何处，总是要至心专一、精进不懈，称念阿弥陀佛名号，系念阿弥陀佛功德，就是一门深入，专修念佛法门，日也念，夜也念，有事没事都要念，心无二用，只有一句阿弥陀佛的名号。一心念佛能够长寿健康，乃至临终发愿念佛，一定也能往生西方。

“功德”是修种种善行，心有所得。吉藏的《仁王护国般若经疏》卷一云：“施物名功，归己曰德。”众生当以恭敬供养三宝为功德福田，即如《大明三藏法数》卷七所说：“功德福田，谓若能恭敬供养佛法僧三宝。”慧远的《维摩经义记》卷一亦云：“其功德者，亦名福德。”

《观无量寿经》有云：“欲生彼国者，当修三福：一者孝养父母，奉事师长，慈心不杀，修十善业。二者受持三归，具足众戒，不犯威仪。三者发菩提心，深信因果，读诵大乘，劝进行者。”一般将之称为世福、戒福、行福。此经文的“修诸功德”，又名修诸功德藏，虽未明言是哪些功德，衡诸经证，应为功德福田及三福的内容。

“愿生彼国”，是西方净土法门的重心，信有阿弥陀佛愿力庄严的净土，愿生彼国，而至心修行净土的念佛法门，此信、愿、行如鼎三足，缺一不可。本经法藏比丘所发四十八愿的第十八“念佛往生愿”，以及主张但能信乐，不生疑心，十念乃至一念，念佛名号，求愿往生彼国者，亦得如愿。可知西方净土法门，除了依阿弥陀佛的本愿之力，也得要靠众生相信、发愿、念佛，始得相应。

具足了以上五个条件的众生，到临命终时，就能够见到无量寿佛，手持金台，亲自带着西方安乐世界的诸菩萨众和诸上善人，一起来迎接这位临命终人，往生彼国，到了彼世界中，就在七宝莲花之中，自然化生，住于不退转位，智慧勇猛、神通自在，同于圣者菩萨。

根据《观无量寿经》的上品上生，条件是除了修行前面所举的三福，尚须具备两类的三种心：1. 至诚心、深心、回向发愿心。2. 慈心不杀，具诸戒行，读诵大乘经典，修行六念回向发愿愿生彼国。如此之人，生彼国时，阿弥陀佛与观世音、大势至菩萨，及无数化佛、百千比丘声闻大众、无量诸天至行者前，阿弥陀佛授手迎接；自见其身乘金刚台，随从佛后，往生彼国，闻佛说法，得无生忍。

本经讲的上辈众生往生彼国极乐世界，就在七宝莲花台中化生，“莲华”就是“莲花”，人间的莲花是草本植物而不是宝，开敷时虽然也是非常地娇美、鲜艳、芬芳，但是过了几天之后，渐渐就会枯萎、凋谢。而西方安乐世界的莲花是七宝所成，永不凋谢。

所谓“七宝”是依当时印度所有者，但各部圣典的分类法，彼此间略有出入，若据《阿弥陀经》所说则为：金、银、琉璃、玻璃、砗磲、赤珠、玛瑙。此处是用七宝来作比喻，说明往生彼土的众生，是自然化生，不需经过母腹怀胎，那是由于各自所积的善根福德，和阿弥陀佛的愿力所成。

“智慧勇猛”，是说有真智慧的人，一定是勇猛精进的，难行能行、难忍能忍、难舍能舍而永远不退道心。

“神通自在”，是说莲花化生的彼土众生，都能飞行自在，而且思食得食，思衣得衣，心到神至，处处现身，十方佛国，随时往还，并且宫殿随行。

是故阿难，其有众生，欲于今世见无量寿

佛，应发无上菩提之心，修行功德，愿生彼国。

这几句经文，是总结上辈往生的情况，释尊勉励众生，若愿今世命终便能亲见无量寿佛，至少应具三个条件：1. 发菩提心，2. 修行功德，3. 愿生彼国。

二、中辈往生

佛语阿难：其中辈者，十方世界诸天人民，其有至心，愿生彼国，虽不能行作沙门，大修功德，当发无上菩提之心，一向专念无量寿佛。多少修善，奉持斋戒，起立塔像，饭食沙门，悬缯然灯，散华烧香。以此回向，愿生彼国。其人临终，无量寿佛，化现其身，光明相好，具如真佛，与诸大众，现其人前，即随化佛。往生其国，住不退转，功德智慧，次如上辈者也。

这段讲的是中辈往生的众生，以什么条件往生西方极乐世界。十方世界的诸天及其人民，如果能够以至诚恳切心，发愿求生西方极乐世界，虽然身不出家，但要能发无上菩提心，大修五戒、十善、八戒、六波罗蜜等各种功德，同时要一心念无量寿佛圣号。随缘尽力修行善法，包括建立佛舍利塔、佛的塑像，供养僧众衣食，在佛前悬挂缯綵、点燃灯烛、散花烧香等，以之回向愿生彼佛国土，便可如愿中辈往生，得不退转。

“斋戒”是指居士所持的八关斋戒，内容可以参阅拙著《戒律学纲要》。

佛“塔”要起，佛“像”要立，塔里供的是佛舍利和佛像，这是让众生有供养和恭敬礼拜的地方和对象。传说阿育王曾派遣使者至天下各地，造了八万四千座佛舍利塔，藉以传扬佛的教化。迄于目前，在缅甸有个大金塔非常有名；在尼泊尔、印度，有多座释迦牟尼佛的舍利塔；在中国大陆浙江省的阿育王寺里有一座舍利塔，另外在山西、河南、北京等地，也有佛的舍利古塔。舍利有两类：1. 佛的肉身舍利，是佛的遗骨；2. 是佛的法身舍利，是佛的遗教经典，都是象征着佛的精神所在。

“像”是石雕、木刻、泥塑、金属铸造，乃至彩画、绢绣等的佛陀圣像，在印度、中国大陆，都有许多石窟中的佛像雕刻，成了后代的艺术宝库，然在当时，乃是为信仰功德而建立的。今人建寺必造像，也等于本经鼓励的“起立塔像”功德，是往生佛国的资粮。

“饭食沙门”就是斋僧的意思，在印度对于宗教师的恭敬供养是天经地义的事，并能从宗教师获得祈福及教诲。佛法门中，乃以三宝为中心，又以僧众为弘法利生、护持三宝的代表；为了佛法住世，便需有三宝住世；欲有三宝住世，就必须供僧，世尊是佛而现僧相，住于僧中，是故若仅供佛，便不含僧，若供养僧，佛在其中。僧众的需求极少，最不能少的便是饮食。僧众修学佛法，弘扬佛法，广度众生，而众生供僧，便亲近三宝，获得佛法的利益，也能让他人接受佛法的利益，所以供僧的功德，便是自利利他的菩萨行，是大功德。

“悬缯”及“然灯”就是庄严道场，令众生生起敬仰欢喜之心，而燃灯又象征光明的智慧，能除黑暗的烦恼。

“散华烧香”，在南方国家，以及尼泊尔和印度，到现在还有人把鲜花的花瓣，一小瓣、一小瓣地摘下来，然后装在盘子中，卖给朝拜佛塔的信徒去塔前散花供养，表示对佛的恭敬。在佛圣典中记载，若听说佛陀要来了，便在佛陀要经过的沿途撒上花，就好像我们现在迎接贵宾的时候，铺上了红地毯一样。在佛教大型的庄严仪式中，大和尚的前面会有一位侍者捧着香炉及鲜花，香炉中烧着香，托盘之中盛着花；我在讲经前也通常会烧香，礼佛，是为了感恩三宝，请佛光临，求佛加护，并作证明。

经文中接着说，当这个人已修以上的功德，又能以至心“回向”，“愿生彼国”，他在临命终时，无量寿佛便以化身，出现在此人眼前接引。此虽是中辈所见的化佛，但也有光明相好，跟佛的真身（报身）一样，同时还有菩萨、声闻、天人大众，围绕着无量寿佛。往生者便在命终的一刹那，随着化身佛及诸圣众，永离娑婆五浊恶世，往生安乐清净国土，住于“不退转位”。其“功德智慧”，虽不及上辈往生者，仍然还是非常地高大，本经说：“其有众生，生彼国者，皆悉具足三十二相，智慧成满，深入诸法。”

依《阿弥陀经》所说，化生的莲花有多大呢？“大如车轮”，在古代印度有羊车、鹿车、马车、牛车、象车，车辆有小有大，上、中、下三辈，往生者所坐莲花，也是有小有大。

《阿弥陀经》又说，彼土众生所依的莲花，也有各种颜色和香味："青色青光，黄色黄光，赤色赤光，白色白光，微妙香洁。"七宝莲花生于七宝池中，池中充满八功德水，其水具有：1. 澄净，2. 清冷，3. 甘美，4. 轻软，5. 润泽，6. 安和，7. 饮时除饥渴等无量过患，8. 饮已定能长养诸根，四大增益，故名八功德水。

三、下辈往生

> 佛语阿难：其下辈者，十方世界诸天人民，其有至心，欲生彼国，假使不能作诸功德，当发无上菩提之心，一向专意，乃至十念，念无量寿佛，愿生其国。若闻深法，欢喜信乐，不生疑惑，乃至一念，念于彼佛，以至诚心，愿生其国。此人临终，梦见彼佛，亦得往生。功德智慧，次如中辈者也。

这是大方便门，大慈悲门。有许多人既无缘出家，也无缘起塔、立像、供养沙门，更没有散花、烧香、树幡、燃灯的机会，未能做任何功德好事，但在临命终时，还是想要往生西方安乐世界。这样的人，无量寿佛也欢迎他们，不过他们还是应该要发无上菩提心，而且要一心专念无量寿佛名号，乃至于每天早上起来念十念，或者是临命终之时，还能够十念不断，念无量寿佛，而且求愿往生安乐世界，如此一定可以往生彼佛国土的下辈莲花。

他们在临命终时，能够梦见无量寿佛，此乃由于往生下辈者的信愿真切，故得梦见弥陀接引，往生彼国。唯以此类往生的众生，所修功德智慧不如中辈，修因不同，得果自是有别。

依据《观无量寿经》的下品三阶，即是本经的下辈往生，下品上生者，由化阿弥陀佛、化观世音菩萨、化大势至菩萨前来接引，生彼国已，经七七日，花开见观音、势至，经十小劫得入初地。下品中生者，由化身的佛及菩萨迎接，于宝池莲花中经六劫后，莲花开敷见观音、势至。下品下生者，命终之时乃至十念具足求愿往生，虽不见佛菩萨，却有犹如日轮的金莲花现其人前，接引往生，于莲花中住满十二大劫，花开得见观音、势至，闻法发起菩提之心。故此下辈不及上、中二辈之处世。

法鼓山有一个护法会，护法会的工作，一方面是在劝募，另一方面就是化缘，通过化缘的机会和关系，使得没有接触到佛法的人，也能够接触到佛法，使他们愿意做大功德修行诸善，也参与弘扬佛法的工作。例如说现在法鼓山的硬件建设，就等于是做起立塔像的工作。

我们一方面要让大家来修行佛法，同时也培养很多人来弘扬佛法、修行佛法。功德做了以后，应当发愿，愿生西方极乐世界，纵然没有出家，应该也是中辈莲花化生。如果平时什么功德也不曾做，准备到临命终时才求生彼国，这种机会因缘，顶多是下辈莲生了。

四、胎生莲邦

> 尔时佛告阿难及慈氏菩萨……：“彼国人民有胎生者，汝复见不？”对曰：“已见。”“其胎生者所处宫殿，或百由旬，或五百由旬，各于其中，受诸快乐，如忉利天上，亦皆自然。”尔时慈氏菩萨白佛言：“世尊，何因何缘，彼国人民，胎生化生？”佛告慈氏：“若有众生，以疑

惑心修诸功德，愿生彼国，不了佛智，不思议智，不可称智，大乘广智，无等无伦最上胜智，于此诸智，疑惑不信；然犹信罪福，修习善本，愿生其国。此诸众生，生彼宫殿，寿五百岁，常不见佛，不闻经法，不见菩萨声闻圣众，是故于彼国土，谓之胎生。……其胎生者，皆无智慧，于五百岁中，常不见佛，不闻经法，不见菩萨诸声闻众，无由供养于佛，不知菩萨法式，不得修习功德，当知此人，宿世之时，无有智慧，疑惑所致。

这段经文非常简单，内容是释迦牟尼佛向弥勒菩萨，也就是慈氏菩萨，介绍无量寿佛的安乐世界，除了以上所说三辈往生的众生是莲花化生，尚有胎生的众生，那些是没有智慧的人，不太相信佛法，不了解佛有大智慧，但也修诸功德，信有罪福，并且发愿往生彼佛国土。

这就像很多民间信仰的人，不知道天宫与佛国有何不同，但是听说生天很快乐，所以就做好事，希望生天去；他们听到有佛国净土，也有点向往，只是不太明白，没有智慧，也不知发菩提心，因此到了西方，不是莲花化生，而是住在胎宫之中。这个胎宫有五百由旬这么大，由旬是梵文 yojana 的音译，又译为由延、踰缮那，有谓一由旬，相当印度十六里，又云三十里及四十里，也有说相当于印度古帝王一日行军的路程。由此可知，五百由旬大小的宫殿，在地球上已是一个不算太小的国家了。

此一胎宫有这么大，住此宫中，享受诸种快乐，有如欲界第二天的忉利天宫。这与一般人希望生天享福的心念相应，由于愿生无量寿佛的安乐国土，仗佛愿力，使此等人生于胎宫，虽经五百岁常不见佛，听不到佛法，也见不到菩萨及诸声闻，时间之久，相当于忉利天的五百岁，而不是我们人间的五百岁。

诸位既然来听《无量寿经》，一定要相信经文中所说的，一定要发菩提心，至少要求往生下辈莲花，也不要生到胎宫中去。

若此众生，识其本罪，深自悔责，求离彼处，即得如意，往诣无量寿佛所，恭敬供养，亦得遍至无量无数诸如来所，修诸功德。弥勒当知，其有菩萨生疑惑者，为失大利，是故应当明信诸佛无上智慧。

这段经文，可有三种作用：

（一）说明佛的慈悲，已生胎宫的众生，虽其享乐如忉利天宫，由于本来愿生无量寿佛的国土，只因没有绝对的至诚信心，而以半信半疑的“疑惑心，修诸功德，愿生彼国”。所以住于胎宫，自然而然，仍以“不见三宝，不得供养诸佛为苦”。

（二）劝勉众生，若对“疑惑心”的罪过，深切忏悔，并且求离胎宫，便能如愿往见无量寿佛，以其所修功德，获得往生三辈之中的一种莲花；花开闻法，得于佛前恭敬供养，乃至遍往无量诸佛国土，广修诸种功德。

（三）劝勉发了菩提心的初发心菩萨，切勿对于佛说的本经起疑惑心，一定要相信无量寿佛有“不思议智，不可称智，大乘广智，无等无伦最上胜智”。并且“修习善本，愿生其国”，必定得生，否则便失大利，就非常可怜了！

菩萨殊胜·世间苦恼

《无量寿经》卷下的内容，除了“三辈”往生，也介绍了观音、大势至、弥勒三大菩萨。前二菩萨是在彼佛国中，“于此国土，修菩萨行，命终转化生彼佛国”。此二菩萨在彼佛国，“最尊第一，威神光明，普照三千大千世界”。

彼国众生，都能“究竟一切菩萨所行，具足成就无量功德。”“究竟一乘，至于彼岸。”“究竟菩萨诸波罗蜜，修空、无相、无愿三昧，不生不灭诸三昧门。”可知彼土，虽有诸天人民，以及声闻、缘觉，毕竟都能以修诸波罗蜜、三三昧等诸三昧门，故云：“远离声闻、缘觉之地。”

其次有一大段经文，释尊以弥勒菩萨为请法的代表，说出无量寿佛国土的微妙、安乐、清净，来与五浊恶世的剧恶、疾苦、天灾、地变、忧念、愁怖等对比；判析人间的心态，所受的苦楚，并且列举五恶、五痛、五烧的现象，加诸世人的剧苦，用来劝导众生发愿往生无量寿佛的安乐国土。

何为五恶、五痛、五烧？

（一）诸天人民，蠕动之类，“欲”为众恶，由恶入罪，受其惩罚，寿终后世，尤深尤剧。是为第一大恶、大痛、大烧。

（二）世间人民，至亲上下，彼此相处，都无义理，不顺法度，各欲快意，任心自恣，更相欺惑。忿成怨结，互相残害，寿终之后，下入恶道，受无量苦。是为第二大恶、大痛、大烧。

（三）世间人民，相因寄生，寿命短促。常怀邪恶，但念淫佚，爱欲交乱，坐起不安。交结聚会，兴师相伐。恣心快意，极身作乐，不避尊卑。故有自然三涂（恶道），无量苦恼，累世累劫，无有出期。是为第三大恶、大痛、大烧。

（四）世间人民，不念修善，辗转影响，共为众恶，两舌、恶口、妄言、绮语，憎嫉善人，破坏贤明，不孝二亲，轻慢师长，朋友无信。横行威势，为恶无耻。此世为恶，福德灭尽。寿命终尽，入于火镬。故有自然三涂，无量苦恼。是为第四大恶、大痛、大烧。

（五）世间人民，懒惰懈怠，不肯作善。负恩违义，恣意游散，肆心放荡，不思父母之恩，不存师友之义，心常念恶，口常言恶，身常行恶。不信佛法，不信因果，不仁不顺，心中闭塞，意不开解，浩浩茫茫，从冥入冥。故有自然三涂，无量苦恼。是为第五大恶、大痛、大烧。

世间愚痴众生，由造五恶，而遭五烧五痛，佛皆哀怜，故言："汝今诸天人民及后世人，得佛经语，当熟思之，能于其中端心正行，……拔断生死众恶之本，永离三涂无量忧畏苦痛之道。"

此界修行胜于诸佛国土

这部《无量寿经》共有上、下两卷，这次清明佛七期间，无法自始至终全部讲完，所以摘录弥陀大愿的精要经文，向诸善信知识介绍，在此娑婆世界修行西方净土法门的功德殊胜。本经下卷有云：

> 正心正意，斋戒清净，一日一夜，胜在无量寿国为善百岁。所以者何？彼佛国土，无为自然，皆积众善，无毛发之恶。于此修善十日十夜，胜于他方诸佛国中为善千岁，所以者何？他方佛国，为善者多，为恶者少，福德自然，无造恶之地；唯此间多恶，无有自然，勤苦求欲，转相欺殆，心劳形困，饮苦食毒，如是恶务，未尝宁息。

此段经文是说，在我们所处的这个娑婆世界的五浊恶世，若能依照佛法所示，于一日一夜之间，正心正意守持八关斋戒，也胜于到无量寿佛的安乐国中修善百岁的功德。因在彼佛国土，自然没有持戒犯戒的问题，唯有积聚众善，而无丝毫的恶行恶事。又说，在此娑婆国土，修行善法十日十夜，胜于其他十方佛国修行千岁的善法。因为他方佛国的众生，为善者多而为恶者少，唯有此间是五浊恶世，众生与众生之间，相互苦逼，弄得心劳而形困，恶事连连，未曾得有宁息的时间与空间。所以，若能在此世界修行善法，其所成就功德，非常殊胜，不仅胜于他方佛国，也胜于无量寿佛的安乐国土。

此在《阿弥陀经》也说，释迦世尊“能于娑婆国土，五浊恶世，劫浊、见浊、烦恼浊、众生浊、命浊中，得阿耨多罗三藐三菩提，为诸众生，说是一切世间难信之法”。他方诸佛，也称赞释迦世尊的“不可思议功德”。

并且又说，众生应当发愿，愿生西方安乐世界，然在尚未往生之前，必须及时精进于诸善功德的修行；往生彼国，于得不退转之后，仍当学习释迦如来，倒驾慈航，来此娑婆世界的五浊恶世，修无量福德，度无边众生，功德不可思议。因为在此世界修行成佛的功德，大于他方佛国，也快于他方佛国。

这岂不也就是我们法鼓山的理念“提升人的品质，建设人间净土”，最亲切的依据所在吗？

现代经典 3

48个愿望——无量寿经讲记

Forty Eight Vows:
Commentary on the Sutra of Immeasurable Life

著者	圣严法师
出版	法鼓文化
总审订	释果毅
总监	释果贤
总编辑	陈重光
责任编辑	李金瑛、杨仁惠、李书仪
封面设计	邱淑芳
内页美编	小工
地址	台北市北投区公馆路186号5楼
电话	(02)2893-4646
传真	(02)2896-0731
网址	http://www.ddc.com.tw
E-mail	market@ddc.com.tw
读者服务专线	(02)2896-1600
简体版初版一刷	2020年6月
建议售价	新台币160元
邮拨账号	50013371
户名	财团法人法鼓山文教基金会—法鼓文化
北美经销处	纽约东初禅寺 Chan Meditation Center (New York, USA) Tel: (718)592-6593 Fax: (718)592-0717

法鼓文化

国家图书馆出版品预行编目(CIP)资料

48个愿望：无量寿经讲记 / 圣严法师著. -- 初版. -- 台北市：法鼓文化, 2020. 06
面； 公分
简体字版
ISBN 978-957-598-847-0 (平装)

1.方等部

221.34 109004082